W0173125

Margarete Beutler

Ich träumte, ich hätte
einen Wetterhahn geheiratet

Margarete Beutler

Ich träumte, ich hätte einen Wetterhahn geheiratet

Herausgegeben von Winfried Siebert
und Martin Freksa und mit einem Vorwort
von Winfried Siebert

AvivA

Im Gedenken an Christian Freksa,
den jüngsten Enkel Margarete Beutlers
und Hüter des »Häusels« in Seeheim

Inhalt

Erich Mühsam: »Grete«   8
Vorwort von Winfried Siebert:
   »Margarete Beutler – eine fast vergessene
   Schriftstellerin«   14

Eine schöne Bescherung   29

Erste Gespielen   31
Das sonderbare Wesen   38
Der Pakt mit dem Schwarzen   46
Das absolut Böse   53
Ei, der schöne Hampelmann   60
Komische Tante!   67
Uralte Mauer und drei weitere Entdeckungen   73
Pluto, der Krebs   81
Wie viel Klafter tief?   91
Veilchen auf dem Wall   102
Es brennt   113
Schatten   121
Eine schöne Bescherung   128

Erlauben Sie – das soll ein gewöhnliches Frühstück sein?   143

Aus dem Privatlehrerinnenseminar Berlin W.   145
Zwischen Rock und Hose   157
Das Himmels-Cabaret   164
Das Jägerhaus an der Brücke   172

6

Tonetta   180
Fremdes Volk in meinem Königreich?   188
Erlauben Sie – das soll ein gewöhnliches
    Frühstück sein?   194
Die Enten-Majorin   202
Ludmilla, die Unverwüstliche, und ihr
    Paradies für Neuromantiker   209
Die Ehescheidungsschule   215
Mamsell-machine und die Rosen von Schiras   223
Johnny, altes Mondkalb!   225
Künstliche Liebe   227
Johnny muss sich vom Weibe emanzipieren   229
Die Kinderbank   235
Die Träumin   243

Anhang   245

Editorische Notiz   246
Danksagung   248
Die Herausgeber   250
Bildnachweise   252

Erich Mühsam

Grete

»Lieben Sie mich?« fragte Grete.

»Sobald du fragen wirst: liebst du mich? – will ich dir antworten«, gab ich zurück. Ich nannte Grete schon lange du – – ich konnte beim besten Willen nicht Sie zu ihr sagen.

»Also: hast du mich lieb, Mühsam?«

»Ja, Grete, ich habe dich endlos lieb!«

Pardon! – Ging aus diesem Zwiegespräch hervor, daß Grete mich etwa nun wirklich gefragt hat: hast du mich lieb? –? – Dann – ja, dann habe ich gelogen. – – Ich hatte mir bloß gedacht, daß sie auf meine Antwort so fragen würde. Man denkt so oft, daß es so kommen muß, wie man gern möchte. – Nein, – also sie nannte mich nach wie vor Sie und schien ihre erste Frage ganz vergessen zu haben. Denn sie fing gleich was andres an. – – –

Das ist aber sicher: Hätte sie mich so gefragt – – ich hätt' ihr geantwortet: Ja, Grete, ich habe dich endlos lieb! – – Denn ich hatte sie in der Tat endlos lieb ....

Warum hatte ich sie eigentlich lieb? ...

Vielleicht wollte ich für meine erste Liebe – das war Grete – auch eine erste Liebe sein? – – Nein – hihi – nein, gewiß nicht! Denn, wenn mich Grete selbst geliebt hätte – so heiß wie sie konnte meinetwegen – – und ich glaube, sie konnte verdammt heiß lieben – – – oder gar so heiß geliebt wie ich sie – – nein, – ihre erste Liebe wäre ich doch nicht gewesen. – Lange nicht. – Das wußte ich auch ganz genau. – Also – deshalb liebte ich sie nicht. –

»Vielleicht war sie sehr schön? – – Nein – eigentlich nein! – Sehr schön war sie nicht, – nicht mal ziemlich schön. – Aber interessant! – Ja Gott, wenn man sich in alle interessanten Mädchen verlieben wollte, die nicht mal schön sind! – – Eine Stumpfnase hatte sie. – Stumpfnasen mag ich nicht. Gar nicht. – Also – nein, deshalb liebte ich sie auch nicht. – – Ach, und wie verlebt sie aussah! – Doch! Richtig verlebt! – – Nein, ganz sicher – weil sie schön war, nicht! –

Oder – vielleicht war sie sehr reich? – – Es gibt ja auch Leute, die lieben ein Mädchen – lieben es ganz echt – bloß weil es Geld hat. – Offen gestanden: ich kriegte das auch fertig. – – Aber – nein, – Grete hatte gar kein Geld. Gar keins. – Im Gegenteil. – – Und dabei hatte sie ein Kind. – Wirklich, ein Kind! – Warum sollte sie auch kein Kind haben? – Ihre erste Liebe wäre ich ja doch nicht gewesen. – – Das arme Kind! – Denn Grete hatte eben absolut nichts. – – Und der Vater – na, der – – – Aber was geht uns hier der Vater an? – – Hat die Mutter eines unehelichen Kindes je Geld? – Nein, nicht wahr? – – Also das war es wieder nicht. – Weil sie reich wäre, liebte ich Grete gewiß nicht. – –

Vielleicht war aber das Kind sehr nett und hübsch und freundlich – und ich liebte sie nur des Kindes wegen –? – – Donnerwetter! – Das Kind hatte ich wirklich furchtbar gern. Ganz furchtbar! – So was Süßes! – – Ja, das liebte ich sehr – als ob es meins wäre.

– Ja – – aber nein! – Daher liebte ich Grete doch nicht. – – Nein, nein! – Es war umgekehrt. Grade umgekehrt. – Ich liebte das Kind, weil ich Grete liebte. – Sollte ich womöglich alle Mütter lieben, wenn die Kinder niedlich sind? – Nein, so bin ich nicht! – – Also des Kindes wegen war's nicht. Deshalb liebte ich Grete auch nicht. – –

Vielleicht war Grete eine große Künstlerin – und daher – – die Kunst – – – der Mensch selbst – –? – – Tatsächlich, Grete war eine große Künstlerin – eine ganz große Künstlerin! – Na, da haben wir's ja nun! – – Aber – nein! – – Ach nein! – – Nein, nein!! – – Ich kann Künstlerinnen auf den Tod nicht leiden. Hab's nie gekonnt! – Nie! – Und ich liebte Grete dennoch – – obgleich sie eine große Künstlerin war. – Komisch! – Warum liebte ich sie denn nur? – – –

Ja, das ist schwer zu sagen! – – Hopla! – Hier! – – Vielleicht liebte sie mich so wahnsinnig – – So was soll sich ja übertragen können. – Wenn sie zu mir auch nicht du sagen wollte – – was wollte das bedeuten – – möglicherweise sollte ich's nicht merken – – das wäre doch alles denkbar – – – Aber ja, natürlich! Wie käme sie sonst überhaupt darauf, mich zu fragen, ob ich sie liebe? – – – Ach nein, doch nicht! – Hahaha! – Das nicht! – – Alles andere eher! – Gott, ach Gott! – Grete mich lieben! – – Rasend komisch! – – – »Hochachtung als Mensch!« – »Unbedingtes Vertrauen!« – »Gute Freundschaft!« – – Jawohl, o ja, – das sagte sie alle Augenblicke. – Hat schon mal ein Weib das zu einem Manne gesagt, den sie liebt? – Das sagt kein Weib, wenn es liebt!

10

Und ihre Frage?! – Das war's ja grade –: Quälen wollte sie mich damit! – Nichts als quälen! – Quälen bis zum Wahnsinn! – – O, sie wußte so genau, wie es um mich stand. – Die Weiber sind raffiniert! – Wenn sie mal merken, daß ein Mann sie liebt, den sie nicht mögen – na – – –

Herr Gott, was habe ich unter dem Weib gelitten! – – Grete! Grete! – – – Ich heule schon wieder – –

– – Ach so! – Warum ich Grete denn also liebte?! – Na ja: eben deswegen! – Eben, weil sie mich quälte, – absichtlich quälte – –, daß all die Wunden, die man nicht sieht – – nur fühlt – so tief, tief drinnen – –, daß sie alle schmerzten zum Wildwerden. – – Deshalb, nur deshalb, hab' ich sie so maßlos lieb gehabt – – –

Gehabt –? –! –? – Diese verfluchten Zweifel! – liebe sie noch – – weiß ich? – – Ja, in diesem Augenblick lie-be ich sie, – sicher, ganz sicher! – – Jetzt quält sie mich schon wieder, – jetzt, wo ich an sie denke – – – und, verflucht! – ich denke noch immer zu oft an sie – – viel zu oft!

Gottlob! – Allmählich scheint sich's ja zu legen! – Zuerst, als sie weg war – – drei Monate ist sie jetzt fort – – da war's furchtbar! – Jeden zweiten – dritten Tag kam ein Brief von ihr. – – O, dann schrie ich, wenn sie recht, recht lieb und nüchtern schrieb – so bürgerlich: »Sie sind ein lieber Mensch, Mühsam! – – Wir wollen auch Freunde bleiben!« – – »Mein treuer Fridolin« – – nannte sie mich auch mal, – o, die verstand's! – – Und dann schrieb sie von dem Manne, mit dem sie zusammen ist – – wahrhaftig, sie schrieb mir von ihm – x-mal – – ganz ausführlich – – alles Mögliche – sogar

– – wenn sie sich gezankt hatten – soviel Vertrauen hatte sie zu mir! – – Wie das ins Herz kniff! – – Diese Wut! – Diese Angst! – Dieser Neid! – Dieses Mitleid! – Diese Liebe! – – – – Und dann fand sie ein neues Mittel, mich zu quälen: – Sie ließ mich eine Woche, – anderthalb Wochen – vierzehn Tage auf Nachricht warten. Ich ward nervös, – wahnsinnig nervös!

Und da mit einem Male das Zeichen – dies seltsame Zeichen! – An der Holzplanke der Vorstadt – an die mich wer weiß welcher Zufall verschlug – – die Aufschrift. – – Mit Kreide – kindliches Gekritzel – – aber leserlich, ganz deutlich: Margarete ist tot! – – Wie ich nach Hause kam – ich weiß es nicht mehr. – Diese Raserei, Himmel! – Tot! – Grete tot! – – Und dann fiel's mir bei: Tot?! – Grete! – – Nein, nein, die stirbt nicht so rücksichtsvoll! – Die nicht! –

Für mich ist sie tot! – Nur für mich! – – Und ich wand mich am Fußboden und schrie: – Was fehlt ihr? – – Was tat ich ihr?! – – Warum will sie nicht mehr meine – Freundschaft?! – – Grete! Grete! – schrie ich nur immer.

Jetzt wird's langsam besser. – Nun hat sie mir schon sechs Wochen nicht mehr geschrieben – – Schon so lange tot. – – Jetzt ängstige ich mich nicht mehr so – – man gewöhnt sich allmählich an alles – – da verschlägt ihre Taktik nicht mehr – –

Oder – will sie mich nicht mehr quälen – ? – –

Ah! – – Übrigens – – dann wär's ganz aus zwischen uns! Dann, dann mache ich Schluß! – – Weiß Gott, – ich glaube fast – sie hat Mitleid mit mir bekommen! – – Mitleid mit mir! – – Zum Wälzen! – – Grete Mitleid?

– – Grete Mitleid mit mir! – Einfach wahnsinnig lächerlich! – – Na, wenn sie jetzt anfängt sentimental zu werden – – dann danke ich ergebenst. – – Pfui Deibel! – Ist ja wohl genug, wenn ich sentimental bin! – – Himmel, wenn ich's doch sicher wüßte! – – Aber beim Satan! – ich glaube es fast! – – Ja, dann – – dann, meine erste Liebe – dann fahren Sie wohl, ma chère! – –

Also Grete hat Mitleid mit mir gekriegt – darum quält sie mich nicht mehr mit vertraulichen Briefen – – darum ist sie tot – – – unglaublich! unglaublich! – –

Ich muß noch immer lachen bei dem Gedanken! –

Ob sie wohl leidet, wenn sie an mich denkt?

Aus: Freistatt 5/29, 1903, S. 567 f.

Margarete Beutler (um 1910)
Foto: Friede Holtrup

Winfried Siebert

Margarete Beutler – eine fast vergessene Schriftstellerin

Am 20. Oktober 1921 schreibt die Schriftstellerin Margarete Beutler in ihrem »Häusel« in Seeheim am Starnberger See, das sie bis kurz vor ihrem Tod bewohnt: »Ja, so hat mein Arbeitszimmer ein Öfchen bekommen. […] Mein Gott, was liegt da alles halb fertig herum […], und dann ist so unendlich viel Neues in dem pommerschen Schädel drin, dass ich es nicht bewältigen werde, auch wenn ich noch hundert Jahre lebe.«[1] Margarete Beutler ist nicht hundert Jahre alt geworden, doch ihr umfangreicher, bislang unveröffentlichter Nachlass legt Zeugnis ab von der prophetischen Klarsicht der Dichterin und ihrer ungeheuer vielseitigen Kreativität.

Zwischen 1897, dem Jahr, in dem ihre erste Erzählung erschien, und 1933, dem Zeitpunkt ihrer letzten Veröffentlichungen, publizierte sie neben zahlreichen in in Zeitschriften abgedruckten Gedichten und Erzählungen drei Gedichtbände, ein Versdrama sowie einige Übersetzungen von Baudelaire, Marot und Molière. Die in ihrem Nachlass aufgefundenen Arbeiten übersteigen dies um ein Vielfaches. Es ist die Folge einer unvorgesehenen Koinzidenz von Glück und Zufall, dass ein Teil dieses Nachlasses gut siebzig Jahre nach dem Tod der Schriftstellerin der Öffentlichkeit zugänglich gemacht werden kann.

Am 13. Januar 1876 kommt Maria Anna Margarete Beutler als zweite Tochter des Bürgermeisters Karl Beutler und seiner Ehefrau Marie, geborene Roloff, in dem pommerschen Örtchen Gollnow (heute polnisch: Goleniów) zur Welt. Die Eltern haben sich einen männlichen Stammhalter gewünscht, weshalb die kleine einjährige Margarete zu den mütterlichen Großeltern in das benachbarte Naugard gegeben wird, wo sie bis zum vierzehnten Lebensjahr ihre Kindheit verbringt. Ihre leiblichen Eltern lernt Margarete erst nach dem Tod der Großmutter kennen. Sie sind mit Margaretes Geschwistern nach Berlin gezogen und holen sie 1880 nach. Diese frühe Zeitspanne ihres Lebens verarbeitet Margarete Beutler chronologisch in dreizehn, von ihr leider nicht datierten Erzählungen, die hier zum ersten Mal veröffentlicht werden.

In Berlin besucht sie das Lehrerinnenseminar, eine Institution, die Frauen aus allen gesellschaftlichen Schichten neben einer höheren Bildung auch den Zugang zu einer eigenen Verdienstmöglichkeit und damit der finanziellen Unabhängigkeit eröffnet. Über den genauen Zeitraum und die Dauer der Ausbildung gibt es keine verlässlichen Daten, es ist aber wahrscheinlich, dass sie diese mit circa zwanzig Jahren abschließt. 1896 zieht sie, »bewaffnet mit einer riesengroßen Sehnsucht und einem ungeheuren Mute, in die Welt.«[2] Am 4. Dezember 1897 erscheint Margarete Beutlers erste literarische Arbeit in der satirischen Zeitschrift *Simplicissimus*, die in kunstinteressierten Kreisen nicht unbeachtet bleibt.[3] Kein Geringerer als

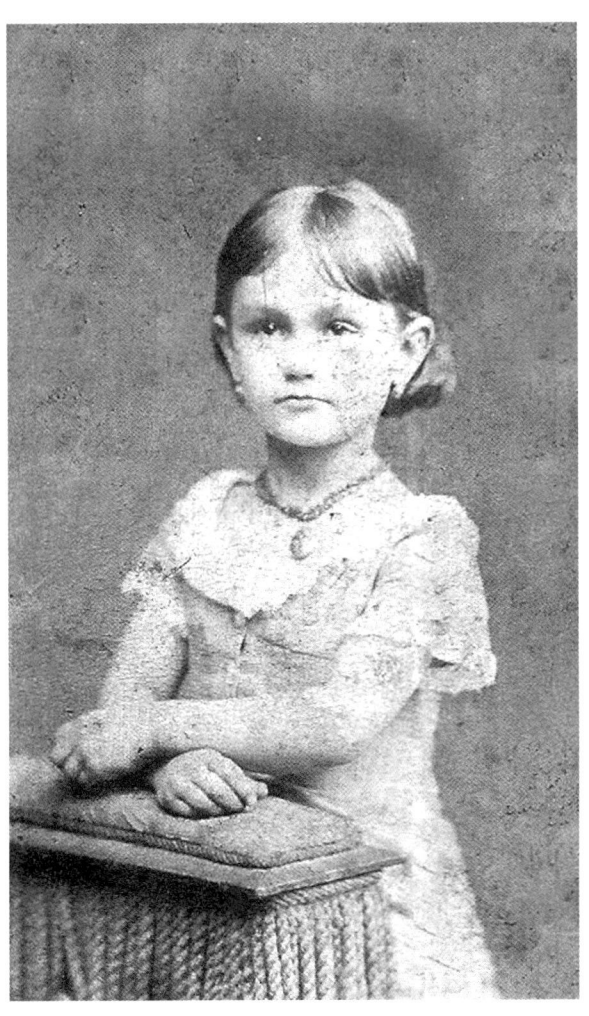

Margarete Beutler (um 1881)

der damals noch unbekannte Thomas Mann, der zu diesem Zeitpunkt als Redakteur beim *Simplicissimus* arbeitet, bittet das »Fräulein Beutler«[4], ihm weitere Arbeiten zukommen zu lassen.

Am 23. August 1900 bringt Beutler in Berlin ihren ersten Sohn Peter Claus zur Welt. Den Namen des Vaters gibt sie bis zu ihrem Lebensende nicht preis. In Berlin tritt sie in den wie Pilze aus dem Boden schießenden Cabarets, in Clubs und Kaffeehäusern mit Lesungen ihrer Gedichte auf – beispielsweise *Zum Peter Hille* oder bei der künstlerisch-literarischen Vereinigung der *Kommenden* im Nollendorf-Casino in der Kleiststraße[5]. In dieser Zeit lernt sie viele der in der Bohème-Szene versammelten Künstlerinnen und Künstler wie Else Lasker-Schüler, Marie Madeleine, Peter Hille und Paul Scheerbart kennen. Den zwei Jahre jüngeren Apothekersohn Erich Mühsam, der 1900 von Lübeck nach Berlin übersiedelt und der sie »glühend liebte«[6], führt sie in die Kreise dieser Berliner Bohème ein. Sie bringt ihn mit den *Kommenden* zusammen und öffnet ihm die Türen zur *Neuen Gemeinschaft*, einer frühen Wegbereiterin der Kommune 1 aus den 1960er-Jahren.

1902 entschließt sich Margarete Beutler, nach München zu ziehen, wo ihr der Schriftsteller und Verleger Georg Hirth bei der Zeitschrift *Jugend*, Namensgeberin des Begriffs ›Jugendstil‹, eine Stelle als Redakteurin anbietet. Kurz entschlossen nimmt sie das Angebot an und überlässt dem ständig unter Geldnot leidenden Mühsam vorläufig ihr ererbtes Mobiliar.[7]

Max Eichler: Margarete Beutler (1905)

Ende des Jahres 1902 erscheint im Moritz Lilienthal Verlag ihr erster Gedichtband mit dem schlichten Titel *Gedichte*, der den Zyklus *Bilder aus dem Norden Berlins* enthält. Mit dieser naturalistisch geprägten Lyrik erlangt sie erstmals breite öffentliche Aufmerksamkeit. Beutler selbst charakterisiert den Gedichtzyklus in einem nicht datierten autobiographischen Abriss als »erste von einer Frau in

Friedrich Freksa, Margarete Beutler und Christian Morgenstern
in San Vigilio (1907)

Deutschland veröffentlichten socialen Texte«[8]. Und Mühsam, der nicht müde wird, die *Gedichte* anzupreisen, bezeichnet sie etwas pathetisch als eine Lyrikerin, der »die erschütternde Tragik des Erdenjammers das Wort aus der Seele reißt«[9]. Er schreibt ihr eine kleine Erzählung, die in der Zeitschrift *Freistatt* abgedruckt wird.[10] Später behauptet er, dass er sich mit dieser Skizze »an Margarete Beutlers Schreibfaulheit rächen wollte.«[11] Der heute nur schwer zugängliche Text wird hier den Erzählungen vorangestellt.

1904 verlässt Mühsam Berlin, vagabundiert in Europa umher und wird schließlich nach fünf Jahren in der bayerischen Metropole sesshaft. Margarete Beutler bleibt er nach wie vor freundschaftlich verbunden und porträtiert sie 1906 in Hans Heinz Ewers' *Führer durch die moderne Literatur* als »Sängerin der freien Mutterschaft«[12]. Trotz seiner zahlreichen Affären und seiner kaum verborgenen Misogynie bleibt seine Freundschaft zu Margarete Beutler ungebrochen. Noch am 3. Januar 1928, also mehr als einem Vierteljahrhundert nach ihrem ersten Zusammentreffen, schreibt er in seinen Notizkalender: »Gedichtauswahl für *Sammlung* mit Margarete Beutler«[13].

Nach dem Erscheinen ihres ersten Gedichtbandes beginnt Margarete Beutler, sich mehr und mehr in München zu etablieren. Sie fasst schnell Fuß in der Schwabinger Bohème, tritt im Kabarett der *Elf Scharfrichter* auf, und etliche Texte aus den *Gedichten* werden von verschiedenen Komponisten vertont. Die Partituren dazu liegen heute in der Staatsbibliothek zu Berlin Preußischer Kulturbesitz im Archiv.[14]

Um 1905 etwa zieht Beutler in das Malerdorf Etzenhausen bei Dachau, wo sie sich mit dem Dichter Christian Morgenstern anfreundet. Dort verliebt sie sich in den sechs Jahre jüngeren Kurt Franz Georg Friedrich, der im Begriff ist, sich als Schriftsteller im Literaturbetrieb zu etablieren – eine schicksalhafte Begegnung. Im Juni 1905 wird Margarete Beutler schwanger, und am 23. Februar 1906 wird ihr gemeinsamer Sohn Hans Florian geboren. Das Kind erhält den Nachnamen des Vaters, der sich mittlerweile Friedrich-Freksa nennt.[15] Am 8. August 1907 werden Margarete Beutler und Kurt Friedrich-Freksa in München standesamtlich getraut. Friedrich-Freksa verfasst, unterstützt und gefördert von seiner Ehefrau, das Theaterstück *Ninon de l'Enclos*, das noch im selben Jahr in München mit großem Erfolg uraufgeführt wird.

1908 erscheint im Bruno Cassirer Verlag, protegiert von Christian Morgenstern, Beutlers zweiter Gedichtband *Neue Gedichte*, im selben Jahr veröffentlicht der Georg Müller Verlag erstmals die von ihr aus dem Französischen übersetzten *Epigramme des Clement Marot*. In den *Neuen Gedichten* ist das *Wiegenlied der roten Jule* enthalten, das bis heute in Lyrik-Anthologien auftaucht.[16] Ihre Übersetzung der *Epigramme* erlebt noch 60 Jahre später eine bibliophile Neuausgabe im Verlag Müller & Kiepenheuer.[17] Die Ehe mit Kurt Friedrich-Freksa, der mittlerweile unter dem Nom de Plume Friedrich Freksa ein erfolgreicher Schriftsteller wird, ist aufgrund dessen verschwenderischer Lebensweise unglücklich. Obwohl beide in Schwabing einen gewissen Bekanntheitsgrad erlangt haben, leidet Margarete Beutler unter ständigen Geldnöten, zumal sie sich auch nicht ihren Aufgaben als verantwortungsvolle Mutter zweier Kinder entziehen kann.

Gleichwohl veröffentlicht sie 1911 einen weiteren Gedichtband bei Georg Müller, der ihr letzter sein

Margarete Beutler mit ihrem Sohn Hans auf dem Balkon des
»Häusels« in Seeheim (Sommer 1925)

sollte. Mit dem Titel *Leb' wohl, Bohème* lässt er auf
den Versuch schließen, die Bohème-Szene zu verlassen und fortan ein bürgerlich geregeltes Leben zu
führen. Sie plant zwar noch einen großangelegten
Dramenzyklus über Probleme von Frauen ihrer Zeit,
der jedoch nicht über das 1913 erschienene, fünfaktige
Versdrama *Das Lied des Todes* hinauskommt. Danach zieht sich Margarete Beutler als Autorin fast völlig aus der literarischen Öffentlichkeit zurück.

Margarete Beutler mit Peter und Hans
an Peters Geburtstag 1924 in Bernried am Starnberger See

Ab 1918 arbeitet sie als Redakteurin und Lektorin bei der Zeitschrift *Phosphor*, die Friedrich Freksa, aus dem Ersten Weltkrieg zurückgekehrt, gründet und etwa zwei Jahre lang herausgibt. Margarete Beutler verlässt das Redaktionsteam jedoch nach anderthalb Jahren wieder, weil sie mit der zunehmenden nationalistischen und antisemitischen Tendenz der Artikel nicht einverstanden ist. Kurz darauf wird das Erscheinen eingestellt.[18]

1921 gibt sie bei Rösl & Cie. Grimmelshausens Schelmenroman *Trutz Simplex oder Lebensbeschreibung der Erzbetrügerin und Landstörzerin Courage* heraus.

In dieser Zeit erwirbt sie von den Mündelgeldern ihres Sohnes Hans Florian in Seeheim am Starnberger See das anfangs erwähnte kleine Blockhaus, das »Häusel«, das ihr für die nächsten Jahrzehnte als Refugium dient und das sich noch heute im Besitz ihrer Enkelinnen und Enkel befindet.[19] Als sich ihre Ehekrise zuspitzt, trennt sich Margarete Beutler 1925 von Friedrich Freksa.

Während Friedrich Freksa als Schriftsteller nach wie vor ausgesprochen erfolgreich ist, sind von Beutler zwischen 1930 und 1933 nur noch zwei kurze Erzählungen im *Simplicissimus* zu lesen.[20] Vermutlich gehören sowohl ihre grundsätzliche Ablehnung des Nationalsozialismus als auch die Ermordung Mühsams durch die SS am 10. Juli 1934 im KZ Oranienburg zu den Gründen, weshalb Beutler der Reichsschrifttumskammer nicht beitritt und somit von nun an nicht mehr publizieren kann.[21]

1939 wird ihre Ehe geschieden. Von da an lebt die Dichterin zurückgezogen unter ärmlichen Bedingungen, ab und zu erhält sie kleinere Übersetzungsarbeiten, ihre beiden Söhne unterstützen sie so gut, wie das in den Wirren des Weltkriegs und der Nachkriegszeit möglich ist. Im späten Frühjahr 1949 wird Margarete Beutler so gebrechlich und krank, dass sie nicht mehr allein in ihrem »Häusel« wohnen bleiben kann. Ihre Söhne besorgen ihr eine Unterkunft in dem circa 50

Kilometer von Tübingen entfernten Gammertingen, wo sie am 3. Juni 1949 im Kurhaus Zollernalb an Herzversagen stirbt.[22]

Einer Reihe von Zufällen und insbesondere der Umsicht ihres Enkels Martin Friedrich-Freksa ist es zu verdanken, dass Margarete Beutlers umfangreicher literarischer Nachlass nicht verloren ging. Als das Haus seiner Eltern 1985 in Tübingen verkauft werden soll, entdeckt er bei einem letzten Rundgang über den Dachboden zwei große, verstaubte und von Spinnweben überzogene Kartons in einer hinteren Ecke. Sehr schnell wird ihm klar, dass es sich dabei um das Vermächtnis seiner Großmutter handeln muss, der Frau, die das Geheimnis der Seifenblaserei kannte, das sie ihm als Vierjährigem kurz vor ihrem Tode beigebracht hatte.[23] Bei der Durchsicht seines Fundes kann er nicht glauben, was er da vor der Mülldeponie bewahrt hat: über 200 Gedichte, mehr als 50 Erzählungen, ein großangelegtes Romanfragment, sieben komplette Theaterstücke, ein vollständiges Opernlibretto, zahlreiche Briefe und Rezensionen und etliche Fotografien. Ein kleiner Teil dieses Schatzes soll nun erstmals gehoben werden. Weiteres soll folgen.

Hamburg, Dezember 2020

Anmerkungen

1 Der datierte Brief an ein »liebes Dökterle« befindet sich im Nachlass (7.1.1.9 Seeheim-Brief vom 20.10.1921)

2 Unveröffentlichtes und undatiertes Fragment einer Selbstdarstellung (Nachlass 2.3.1)

3 Simplicissimus, 2. Jahrgang, Heft 36, S. 282

4 Vgl. Brief von Thomas Mann an Ludwig Jacobowski vom 29.11. 1899, in: Briefe aus dem Nachlass von Ludwig Jacobowskis Band 1, hrsg. von Fred Stern, Heidelberg 1974, S. 117 (Brief 254)

5 Vgl. dazu die Ende der 1920er-Jahre von Erich Mühsam erschienenen Aufsätze ›Friedrichshagen‹ und ›Junge Generation‹ in: Erich Mühsam: Unpolitische Erinnerungen, Berlin 1978, S. 507 f. und S. 519 sowie Erich Mühsam, Cabaret ›Zum Peter Hille‹, in: Bühne und Brettl, Jg. 3, Nr. 10, 1903, S. 12f.

6 Erich Mühsam, Tagebücher, Heft 1 (1.10.1910), zitiert nach den online veröffentlichten von Christlieb Hirte und Conrad Piens im Verbrecher Verlag herausgegebenen Heften, http://www.muehsam-tagebuch.de/tb/ index.php

7 Vgl. Erich Mühsam, ›Friedrichshagen‹, in: Erich Mühsam: Unpolitische Erinnerungen, Berlin 1978, S. 507f.

8 Zweiseitiger Text im Nachlass (7.1.1.4)

9 Erich Mühsam, ›Hans Ostwald, Lieder aus dem Rinnstein‹. Rezension in: Der Bücherfreund, Jg. 2, Nr. 19, 13.9.1903, S. 74, zitiert nach: Rolf Kauffeldt, Erich Mühsam, München 1983, S. 71

10 Erich Mühsam, ›Grete‹, in: Freistatt, München 1903, S. 567f.

11 Erich Mühsam, Tagebücher, Heft 1 (1.10.1910), a.a.O.

12 Hanns Heinz Ewers, Führer durch die moderne Literatur, Berlin 1906, S. 33. Der Artikel ›Margarethe (sic!) Beutler‹ wurde von Erich Mühsam verfasst.

13 Chris Hirte, Ihr seht mich nicht feige, Berlin 1985, S. 405

14 Vgl. Evelin Förster, Die Frau im Dunkeln, Berlin 2013, S. 218f.

15 Diese Marginalie ist insofern interessant, als die vier Generationen danach den Doppelnamen tragen (ausgenommen die weiblichen Nachkommen, wenn sie nach der Heirat den Namen des Mannes angenommen haben). Gleichwohl ist das Zustandekommen des Doppelnamens der Nachkommen ziemlich kompliziert. Margarete Beutlers Gatte hieß eigentlich Kurt Franz Georg Friedrich, d.h., sein Geburtsname war Friedrich. Die Ursachen, den Namen Freksa mit seinem korrekten Nachnamen zu koppeln, sind nur noch spekulativ zu rekonstruieren. Nach der Hochzeit nannte er sich für kurze Zeit Friedrich-Freksa, um dann aber als Friedrich

Freksa bis 1955 zu publizieren. Margarete Beutler koppelte den Namen Freksa an ihren Geburtsnamen, nannte sich jedoch als Schriftstellerin weiterhin Margarete Beutler. Ihr gemeinsamer Sohn Hans Florian bekam inoffiziell den Namen Friedrich-Freksa, der erst 1967 für ihn und seine ganze Familie offiziell wurde, nachdem sein Vater 1955 sich wenige Wochen vor seinem Tod legal Friedrich-Freksa nennen durfte. Das Einverständnis der fünf leiblichen Kinder für den Doppelnamen von Hans Florian Friedrich-Freksa wurde notariell eingeholt. Von den drei noch lebenden Enkeln Margarete Beutlers tragen zwei, von den Urenkeln vier den Doppelnamen. In diesem Zusammenhang ist ein weiteres Kuriosum, dass Margarete Beutler über 70 Jahre lang mit der Breslauer Gynäkologin Margarete Friedrich, die unter dem Namen Margit Friedrich literarisch tätig war, verwechselt wurde. Schuld daran war mit ziemlicher Sicherheit Kürschners Deutscher Literatur-Kalender, der ab Mitte der 1930er-Jahre in seinen Einträgen für die Namenskonfusion sorgte.

16 Etwa in: Thilo Bock, Wilfried Ihrig, Ulrich Janetzki (Hrsg.), Ick kieke, staune, wundre mir, Berlin 2017, S. 118f.

17 Epigramme des Clément Marot, übersetzt von Margarete Beutler, München 1908, Neuausgabe: Hanau 1967

18 Die Zeitschrift erscheint vom 16.12.1918 bis zum 10.5.1920.

19 Vgl. den undatierten Brief (vermutlich 1947) an Dr. Lang (Nachlass 7.1.1.5)

20 ›Ludmilla, die Unverwüstliche, und ihr Paradies für Neuromantiker‹, Heft 50, 34. Jahrgang, 10.3.1930, S. 606, hier S. 209-214, sowie ›Heldenmaß‹, Heft 1, 38. Jahrgang, 1.4.1933, S. 11.

21 Vgl. den undatierten (vermutlich 1947 verfassten) Brief an Dr. Lang (Nachlass 7.1.1.5)

22 Vgl. den unveröffentlichten Brief von Hans Florian vom 16.5.1949 an seinen Halbbruder Peter Beutler

23 Martin Friedrich-Freksa, Margarete Beutler – eine biographische Notiz (unveröffentlicht), Berlin 1986, S. 1

EINE SCHÖNE BESCHERUNG

Erste Gespielen

Sand bröckelt. Stein rieselt und fällt. Fuß gleitet. Maruschka aber hält fest.

Hand greift nach Gräsern, die kitzeln, Blumen, die lachen.

Hektor wedelt. Wasser begleitet und flüstert ins Ohr.

Ein Dunkles geht lang nebenher. Beugt sich und greift. Ist auch bei Maruschka.

– – »Das soll da weggehen, Maruschka!« – –

– – »Das geht doch nicht weg, Kind dummes.«

– – »Warum geht es nicht weg?« – –

– – »Ist doch der Schatten, Kind dummes.«

– – Hand an Maruschkas Schürze, angstvolle Frage: »Was tut denn der Schatten?«

– – »Schatten ist lieb, wenn Kind ist lieb. Kind bös, Schatten auch bös. Kriecht in ein Kind ein, trinkt Kind aus. Wird sich Kind dünn und ganz dunkel, wird Schatten sich dick und ganz hell. Wird Schatten Kind, und Kind muss sein Schatten …«

Da lachen die Blumen nicht mehr.

Hand ist kalt. Wasser ist still, will gar nicht mehr flüstern.

Maruschka trägt heim auf den Armen.

– »Dass das Kind immer nur gelbe Blumen pflückt«, sagt Großmama, tut die Sternchen in ein Glas.

»Schmeißt weiße weg, blaue weg, ist sich Kind dummes«, lacht Maruschka. Kämmt, wäscht, schrubbert die Knie, dass es wehtut. Dann darf man noch im

Zimmer herumhüpfen. Hat langes Nachthemdchen an. Maruschka nimmt an der Hand, zeigt anderes kleines Gretchen. Man sieht an sich herunter, anderes Gretchen sieht auch an sich herunter, man hebt Hand, anderes Gretchen hebt auch Hand, man hebt Fuß, anderes hebt auch Fuß. Man macht Purzelbaum, anderes macht auch Purzelbaum.

»Lieb haben, Kuss geben«, sagt Maruschka.

Man stellt sich auf Zehen, drückt Mund an anderes Gretchen. Is aber kalt und nicht schön. Da sieht man Kerze und Tisch, Bettchen und Maruschka noch einmal bei anderem Gretchen, weiß nicht, was man sagen soll dazu. Dreht sich um: »Wo ist Schatten?« – »Schatten kommt, wenn ist dunkel«, sagt Maruschka. Knöpft Nachthemdchen unten zu, dass man sich nicht bloßstrampeln kann, hebt ins Bettchen.

Bettchen ist schön und warm.

Bettchen hat man lieb.

Maruschka hat man auch lieb.

Großmama kommt und bringt Schinkenbrot. Großmama hat man auch lieb.

»War Gretchen brav?«, fragt Großmama.

»Gretchen brav«, sagt man, beißt in Schinkenbrot.

»Sehr brav«, sagt Maruschka.

»Schatten auch brav«, sagt man. Schluckt.

»Was meint sie mit dem Schatten?«, fragt Großmama.

»Hat Schatten gesehen laufen auf Mauer«, sagt Maruschka.

»Schatten brav«, wiederholt man.

»Du sollst doch das Kind nicht auf der Mauer laufen lassen, Maruschka«, sagt Großmama.

Dann gibt es einen tiefen Teller voll Walderdbeeren mit süßer Milch. Das schmeckt so gut, dass man noch mehr davon essen möchte.

Maruschka lacht, holt noch einen Teller voll.

Dann kommt Hektor, gibt die Pfote, sagt: »Gute Nacht, Gretchen.« Danach kommt Großmama wieder, faltet Fingerchen ineinander, dass es nicht drückt und die richtigen zusammenpassen. Bei Großmama geht das immer viel schneller als bei Tante Helene.

Man rückt sich gerade zurecht im Bettchen und sagt mit Großmama zusammen:

Vater, lass die Augen dein
Über meinem Bettchen sein! Amen.

Wer ist das? »Vater«, das weiß man nicht. Großmama wird es schon wissen. Sie sagt: »Gute Nacht, Gretchen.« Küsst, geht. Dann wickeln sich Daumen um Zipfel der Decke. Mund sucht Leinen, das kühl und glatt ist, Kerze wird ausgepustet.

Es ist sehr still. Nur vor der Tür rührt sich etwas. Das ist Hektor, der da liegt.

Es ist sehr dunkel. Anderes Gretchen ist da. Schatten ist da. Will nicht weggehen. Und dann ist Großmama auch wieder da. Sie sagt: »Du musst Zwieback sagen, Gretchen, nicht immer Fieback.« Das will man gern tun. Man müht sich sehr, reißt Mund auf, schiebt Kinn vor. Versucht. Ohren tun weh davon. Es wird immer wieder Fieback.

»Nun lauf«, sagt Großmama und macht die Haustüre auf.

Man soll also nun über den Markt gehen zum Bäcker Schenk und F-f-fieback holen. Man hat das Körbchen am Arm wie Rotkäppchen, als es zur Großmutter ging und der Wolf kam.

Man geht vorwärts. Aber da sieht man: überall stehen Wagen. Eng aneinander. Vor jedem steht ein riesengroßes Pferd. Wie soll man da durchkommen? Und Großmama wartet auf den F-fieback. Keines der Pferde geht aus dem Weg. Da macht man zwei Fäuste aus seinen Händen und will sich mit dem Körbchen vorbeischieben. Die Pferdeköpfe sind ganz riesengroß am Ohr. Augen funkeln. Nase schnaubt. Und plötzlich tut sich der allergrößte Pferdekopf weit auseinander. Man will schreien, kann aber nicht. Und – wupp – ist man verschluckt. Hat einen wilden Schreck in sich. Es ist so dunkel in dem Pferdebauch und so feucht und hässlich. Man stemmt sich nach der einen Seite, man stemmt sich nach der anderen Seite, man will wieder aus dem Pferdemaul heraus zu Großmama, aber man findet den Weg nicht. Und nun wird man richtig gefressen werden. In lauter kleine Stücke zerfressen. Aber das will man nicht. Nein! Und man schreit, aus dem dunklen Bauch heraus: »Ach, lieber Herr Pferd, nicht fressen, nicht fressen!« …

Aber da wird man gepackt und geschüttelt … Und nun ist man schon …

»Sie träumt«, sagt Großmamas Stimme. »Es ist auch etwas passiert.«

Man schreit noch einmal laut auf. Es ist so nass. Die Kerze brennt wieder. Hektor steht da, wedelt und leckt nackte nasse Füße. »Das dürfte doch aber nicht

34

mehr vorkommen«, sagt Tante Helene. Man hängt an Großmamas Hals, gähnt, schluchzt, schnappt, sieht sich um und wundert sich, dass kein Pferd da ist, kein Markt. Kein Körbchen.

Bettchen wird ganz umgeräumt. Tante Helene bringt andere Deckchen und ein trocknes Nachthemd. Dann wird man wieder warm eingepackt. Großmama bleibt noch da, streichelt Arme auf und ab. Geht. Glaubt, dass man schläft. Pustet Kerze wieder aus.

Man schläft aber nicht. Man liegt und weiß, das darf nicht vorkommen. Darum liegt man so still, sagt nichts. Aber schlafen kann man nicht. Man weiß doch nicht, was das war mit den Pferden und dem dunklen Bauch, und wie man aus dem Pferdebauch wieder ins Bettchen gekommen ist. Man muss auch an den Schatten denken, an den Wolf, möchte wieder weinen, schreien … laut …

Dann kommt Geräusch von der Tür, Hektor kratzt sich.

Man ist froh, dass Hektor da ist. Nun weiß man, was man tun wird. Man knöpft Nachthemdchen im Dunkeln auf. Klettert aus dem Bettchen, stößt sich überall, tut sich weh. Aber man findet die Türe. Kann gerade noch mit der Hand die Klinke erreichen. Die Tür geht auf, man fällt lang ihn, über Hektor, weich und warm. Im Flur ist es hell. Hektor wedelt und lacht. Man packt ihn am Halsband und zieht. Hektor ist sehr groß. Man muss die Türe auflassen, sonst kann man Bettchen nicht finden. Man sagt: »Hopp, Hektor!« Hektor springt ins Bettchen. Nun freut man sich.

Man ist aber noch zu klein, kann die Tür nicht wieder schließen. Sie bleibt ein bisschen auf, dass man das Licht draußen sehen kann. Man klettert ins Bettchen, deckt Hektor zu, deckt sich zu. Hektor leckt die Beine ab. Das kitzelt. Man muss lachen. Man sagt: »Hektor lieb haben.« Vergisst Pferdebauch und Schatten. Fürchtet sich gar nicht mehr. Hektor lässt kein Pferd, keinen Wolf, keinen Schatten ans Bettchen.

Aber lange hat man nicht Ruhe. Man fühlt etwas hinten auf seinem Po'chen. Das tut sehr weh. Man muss wieder laut schreien. Als man die Augen aufmacht, da sieht man, wie Tante Helene auf Po'chen loshaut, immer wieder und böse ist und ruft: »Du, nimm dir noch mal den Hund mit ins Bett!« Man sträubt sich, schlägt um sich, man will nicht, dass Tante Helene haut. Man kneift und beißt und stößt mit den Füßen. Po'chen bekommt immer mehr Schläge, bis man endlich gar nichts mehr weiß. Da liegt man. Keine Großmama kommt. Man wird ins Bett geworfen. Stößt Kopf an den Stangen. Als es wieder dunkel ist, faltet man die Finger ineinander und sagt laut: »Lieber Schatten, trink' doch die Tante Helene!« Als ob man nun schlafen könnte. Po'chen tut so weh. Alles tut weh. Es klopft irgendwo da drinnen überm Bauch. Man weiß nicht, warum man Hektor nicht ins Bett nehmen darf. Nun liegt er wieder draußen. Ohne Decke. Friert. Man leckt Tränen ab, schluckt. Aber es lässt einem keine Ruhe. Hektor liegt draußen und friert. Da klettert man wieder aus dem Bettchen. Arme tun weh, Beine tun weh. Man zieht Deckbett heraus. Das ist schwer und will nicht kommen. Man muss fest ziehen. Macht Türe wieder auf, legt sich neben Hektor, deckt zu mit Deckbett. Hektor wedelt und lacht. Da hört auch das Klopfen über dem Bauch auf.

Als man wieder aufwacht, sitzt man auf Maruschkas Arm. »Das darfst du doch nicht tun, Kind dummes«, flüstert sie ins Ohr.

»Hektor hat kalt«, lallt man müde.

»Hund muss kalt haben, sonst hat keine Nase mehr«, flüstert sie wieder.

Man macht, dass Hektor keine Nase mehr haben soll, lehnt Kopf an Maruschkas Haar.

Und dann legt sie sich selber mit ins Bettchen. Macht sich so klein, wie man selber ist, hält Händchen, streichelt und macht wie eine Fliege: bsss, bsss, bsss …

Da kommt etwas aus dem Dunkel. Es sind lauter Ringe. Sie tanzen nach vorn, sie tanzen wieder nach hinten, sie werden klein und werden wieder groß. Immer hin und her, hin und her, bis man mitten in sie hineinfällt …

Das sonderbare Wesen

Man weiß nun schon, was ein Haus ist. Man weiß, dass es Augen hat, die es auf- und zuklappen kann. Die heißen Fenster. Einen Mund hat, der heißt Türe. Schluckt Menschen, spuckt sie wieder aus. Sein Kopf heißt Dach. Daran hat es zwei lange Ohren, die heißen Schornsteine. Aus denen kann es etwas in die Luft blasen, das heißt Rauch. Es gibt auch ganz kleine Häuser, die sind die Kinder von den großen. Man wohnt in einem Hause, das eine Treppe hat und viele Stuben.

Eines Tages sitzt man ganz allein mit Püppchen auf der Erde. Da tritt das sonderbare Wesen in Erscheinung. Trappt, trampelt, poltert in Erscheinung. Tür haut zu. Tassen klirren. Man hält es für angeraten, sich in Sicherheit zu bringen. Tischdecke hängt lang herunter, sieht einladend aus und verschwiegen. Zipfel hochheben, hineinkriechen, sich kleinmachen, ganz still sitzen. Abwarten.

Stuhl rutscht, Tisch kracht. Sonderbare Dinge sind plötzlich ganz in der Nähe. Erweisen sich als ungeheuer große Schuhe, an denen Schornsteine sitzen, die durchaus nichts Vertrauenerweckendes haben. Man spürt auch etwas, was die Nase krauszieht. Dann hört man, dass jemand ins Zimmer kommt. Großmamas Stimme sagt: »Ja, Paul, bist du denn schon da?«

Es brummt oben. Paul, denkt man, Paul!

Der Tisch zittert wieder. Man möchte sich noch viel kleiner machen, als man schon ist. Es ist gut, dass man Maruschka hört. Sie sagt: »Wo ist denn nur das Kind?«

Das ist nun schwierig. Das Kind ist man ja selber. Das weiß man. Und man sitzt doch unter der Tischdecke und traut sich nicht herauszukriechen, der Schornsteine wegen.

»Aber so etwas«, sagt Großmama. Es läuft alles hin und her. Die großen Schuhe bewegen sich, die Schornsteine rücken noch näher. Man leckt die Tränen ab, die bereits über die Backen laufen, aber es werden immer mehr. Es kommt etwas in den Hals, sodass man anfängt zu schlucken, zuerst leise, dann immer lauter.

Und nun ist das Unglück da.

Der Zipfel der Decke wird gehoben, die Schuhe stoßen vorwärts, eine riesengroße Hand greift unter den Tisch.

Man stößt den Kopf am Tisch, brüllt.

Die Hand packt zu, zerrt heraus.

»Da ist ja die Krabbe«, brummt das Wesen. Alle reden durcheinander, dass es in den Ohren saust. Und nun sitzt man auf den Schornsteinen. Ist erstarrt. Wagt nicht, sich zu rühren. Fühlt aber, dass die Schornsteine warm sind. »Hoppe, hoppe Reiter« macht das Wesen, lässt hin und her reiten. Hat so viele Haare im Gesicht. Großmama ist böse auf Maruschka. Man ist froh, als man auf sein Stühlchen gesetzt wird. Man bekommt Pichel um, Löffel. Soll Süppchen essen. Mag nicht. Muss immer hinübersehen zu dem Wesen, das da lange Schornsteine hat, die bis zu den Schuhen reichen.

»Willst du noch Suppe, Paul?«, fragt Großmama.

»Danke, sie ist mir zu nüchtern«, sagt das Wesen, das Paul heißt, wie man selber Gretchen heißt. Es muss aber auch noch »der Herr« heißen. Minna steht am Tisch und fragt: »Ist der Herr fertig?« Da nickt Paul. Man darf aber nicht nur nicken, man muss antworten, wenn man gefragt wird, sagt Tante Helene.

Man sagt also aus seinem Stühlchen heraus: »Ja, Paul ist fertig.« Man hat keine Ahnung, warum alle lachen. Großmama lacht, Tante Helene lacht, Minna lacht. Wenn Paul der Herr lacht, so gehen alle die Haare in seinem Gesicht nach hinten.

Endlich hat man sein Süppchen auch gegessen. Minna nimmt den Teller fort. Und nun hört man, dass Paul noch einen Namen hat. Er heißt auch Onkel. Großmama sagt: »Gretchen, bringe Onkel Paul die Streichhölzer.« Da wundert man sich sehr. Die Schachtel mit den Streichhölzern dürfen doch nur große Leute anfassen, sagt Tante Helene. Weil nämlich das Feuer darin ist.

Man klettert vom Stühlchen, holt die Schachtel von dem kleinen Tisch, trägt sie vorsichtig in beiden Händen, damit das Feuer nicht herauskommt und gibt sie dem Wesen, das so viele Namen hat. Man weiß, in der Schachtel liegen lauter kleine Stangen nebeneinander. Nimmt man eine davon heraus und drückt sie gegen die Schachtel, dann ist das Feuer da. Wie das kommt, weiß man nicht. Aber Feuer hat man lieb. Großmama macht es, um die Lampe hell zu machen. Sie gibt das Feuer der Lampe, die Lampe nimmt es, behält es und lacht.

Maruschka macht es, um die Kerze anzuzünden. Sie gibt es der Kerze, die Kerze nimmt es, behält es und lacht. Dann ist es nicht mehr dunkel.

Aber jetzt ist es doch hell. Man ist sehr neugierig, was Paul mit den Streichhölzern anfangen wird.

Man stellt sich neben ihn und passt genau auf. Paul der Herr, der auch Onkel heißt, nimmt richtig eine kleine Stange heraus und drückt sie gegen die Schachtel. Schachtel macht: R-rr, r-tschitt! Feuer ist da. So weit ist alles in Ordnung. Aber was nun kommt, ist so unglaublich, dass man den Mund ganz weit aufmachen muss: Paul hat einen schwarzen Stock in der Hand. Den steckt er in seinen Mund, hält ihn an das Feuer, macht pff-pfff … Der Stock nimmt etwas von dem Feuer und macht Rauch wie ein Schornstein. Der Rauch stinkt und macht die Nase kraus. Dann wird das richtige Feuer am Streichholz ausgepustet.

»Willst du auch einmal?«, fragt Onkel Herr. Dann läuft man aber schnell zu Großmama, versteckt Kopf in ihrem Schoß, denn man will diesen Stock nicht, der stinkt und Rauch macht und den Paul schon im Mund gehabt hat.

Dann sitzt man auf Großmamas Schoß und sieht wieder das Wesen da drüben an, das Herr heißt, unten Schornsteine hat und oben Rauch aus einem Stock macht.

Man wird Maruschka fragen, was sie dazu sagt. Man gibt schließlich, weil Großmama es doch gern möchte, dem Paul die Hand und sagt: »Addio, Onkel Paul, gesegnete Mahlzeit!«

Alle gehen fort. Maruschka ist wieder da.

Nun kann man fragen. Maruschka lacht und holt Bilderbuch. Man passt ganz genau auf: In dem Bilderbuch sind viele Tiere, aber auch Leute. Maruschka sagt Bescheid: »Alle die Leute, die Röhren haben an den Beinen, die wie Schornsteine aussehen und Hosen heißen, sind Männer. Wenn sie aber noch klein sind, wie man selber ist, dann haben sie auch nur kleine Röhren, die nur bis zu den Knien reichen. Ein solcher kleiner Mann ist ein Junge. Ja, ja, das weiß man schon. Solche kleinen Männer, die Jungens heißen, hat man schon auf dem Markt gesehen. Es ist auch möglich, dass man schon große Röhrenleute gesehen hat. Aber nicht so nah.

»Was tun denn die Jungens in dem Bilderbuch, Maruschka?«

»Jungens spielen.«

»Was spielen sie?«

»Greifen und Verstecken!«

»Gretchen will auch Greifen und Verstecken spielen.«

Maruschka hält auf den Schoß, flüstert ins Ohr: »Muss Gretchen gehen zu Jungens, wenn spielen!«

Ja, ja, das will man.

»Aber Tante nicht sagen.«

Das versteht man nicht recht.

Und dann spielt man mit Maruschka Greifen und Verstecken. Lässt Bilderbuch liegen.

Es ist sehr lustig.

Man hält die Hände vor Augen. Dann weiß Maruschka nicht, wo man ist, sagt: »Wo ist denn die Gretchen?«

Man nimmt Hände fort von Augen, Maruschka tippt auf Kopf, sagt: »Da ist ja die Gretchen!«

Und nun ist Maruschka fort, sagt immer Kuckuck, Kuckuck. Aber man findet sie nicht. Sucht doch überall. Unter dem Sofa, unter der Tischdecke. Sie ist nicht da. Da sieht man, dass die Tür offen ist zu Großmamas Schlafzimmer. Man geht hinein, ruft: »Maruschka!« Sieht sie aber nicht. Man weiß nicht, was man tun soll, steht da, wartet, hört nur die große Ticke tacke. Und da macht sich die große Ticke tacke unten auf. Maruschka kriecht heraus, lacht, küsst, nimmt auf Arm und sagt: »Da … da ist Maruschka.«

Nun Gretchen auch. Kriecht in die große Ticke tacke, hört immer oben über dem Kopf tick tick, hin und her. Maruschka sucht und sucht, ruft: »Gretchen! Wo ist denn nur die Gretchen?« Da kriecht man heraus aus der Ticke tacke, lacht, küsst, hat Maruschka lieb, sagt: »Da! Da ist Gretchen!«

Hektor kommt auch und spielt mit. Sucht. Stößt mit der Schnauze, leckt Backe, wedelt und lacht und sagt: »Da – – da ist Hektor!«

Es ist nicht zu begreifen, was Maruschka alles kann und weiß. Sie nimmt ihr Haar von ihrem Kopf herunter, da ist es ganz und ganz hell. Es sind zwei Enden, die bindet sie zusammen. Aber am Kopf ist es fest, nicht wie bei Tante Helene. Da stellt man sich in das Haar hinein mit Hektor. Maruschka kniet, sagt, das ist eine Kutsch'. Sie dreht sich um, hat vier Füße und ist ein Pferd. Macht purr, purr, schüttelt den Kopf. Man sagt hüh. Hektor haut mit dem Schwanz.

Es wird aber noch schöner. Fußbank wird umgedreht, ist Kutsch. Haar wird um Fußbank gewickelt, Kutsch läuft. Hektor lacht, flüstert Maruschka ins Ohr.

Maruschka singt:

Ri – ra – rutsch,

Die Gretchen, die fährt Kutsch,

Die Gretchen, die fährt Leiterwagen,

Was werden denn die Leute sagen,

Ri – ra – rutsch!

Das ist wunderschön. Das sagt sich so fein, das wiederholt man so lange, bis man es genauso gut kann wie Maruschka.

Aber dann kommt jemand. Das ist Mamsell, die Frau, die in der Küche ist und Kuchen macht. Mamsell sagt zu Maruschka: »Die Hosen von Herrn Paul haben ein Loch.«

Dann lässt man die Kutsche stehen und Hektor läuft schnell zu Mamsell, denn man muss doch die Hosen sehen und das Loch. Mamsell und Maruschka stehen am Fenster. Und was hat Mamsell in der Hand? Die Schornsteine, die Röhren sind und Hosen heißen. Aber jetzt hängen sie ganz traurig herunter, denn es sind ja keine Beine mehr drin. Und das Loch sieht man auch. Man hält die Hände auf dem Rücken und betrachtet es ernsthaft. Es ist so groß, dass Mamsell den Finger durchstecken kann. Sie wackelt mit dem Finger hin und her. Dann lachen sie beide. Maruschka lässt einen Faden in eine Nadel laufen und pikt mit der Nadel in die Hosen, mal so, mal so. Dann ist mit einmal kein Loch mehr da. Maruschka kann alles. Sie nimmt die Schnippschnappschere und piekt damit, dann ist ein großes Loch da. Sie nimmt die Nadel mit dem Faden und piekt damit, dann ist kein Loch mehr da. Sie kann mit der Schnippschnapp-schere Püppchen aus Papier machen, die sich alle an den Händen fassen und tanzen. Sie kann ihr Haar vom Kopf herunterlaufen lassen und einen Wagen daraus machen. Aber die Röhrenhosen von dem Herrn, der Paul heißt, haben gar keine Ähnlichkeit mit den Hosen, die man selber unter dem Kleidchen trägt. Die sind weiß, haben Spitzen und eine Klappe. Die Klappe wird aufgeknöpft, wenn man sein Geschäftchen machen muss, und wird zugeknöpft, wenn man es gemacht hat.

Maruschka sagt, es gibt Röhrenhosen und Klappen-hosen. Das ist gerade der Unterschied. Frauen tragen Klappenhosen und kleine Mädchen auch.

Aber Frauen stecken sich keine Stöcke in den Mund, die stinken und rauchen und die Zigarren heißen.

Das tun nur Männer mit langen Röhrenhosen.

Der Pakt mit dem Schwarzen

– – »Du machst also einen schönen Knicks vor der Tante und küsst ihr die Hand, hörst du!«

Das ist nun wieder etwas Neues. Man ist sehr neugierig, tritt von einem Fuß auf den anderen, bis die Schleife am Kleidchen gebunden ist und geht an Tante Helenens Hand in die große Stube, in die man nur gehen darf, wenn Besuch da ist.

Neben Großmama auf dem Sofa sitzt jemand. Der hat eine sehr große Nase. Auf seinem Kopf tanzen viele rote Blumen. Man hat noch nie eine solche Nase gesehen, muss sie immer anschauen. Und da sieht man, es hängt unten ein kleiner Tropfen an ihr. Tante Helene lässt los, gibt einen Schubs. Da steht man. Über der Nase vergisst man ganz, dass man doch einen Knicks machen soll. Man sieht nur sie. Man sieht nur, dass sie unten nass ist. Und weil man ein Taschentuch in der Tasche vom Kleidchen hat, so holt man es heraus, klettert schnell aufs Sofa und fährt damit unter der langen Nase hin und her, wie man es von den großen Leuten gesehen hat. Die Nase schreit und läuft weg. Tante Helene schreit. Großmama sagt: »Tschuldigung, Frau Geheimrat.« Das hört man gerade noch an der Tür, denn Tante Helene hat zugepackt.

Man wird nach oben getragen und ins Bett geworfen.

»Habe ich dir nicht gesagt, du sollst der Tante die Hand küssen? Warum hast du das nicht getan?«

Was soll man darauf antworten? Man weiß nicht, warum man das nicht getan hat. Tante Helene sagt, man ist ein ganz unartiges Kind. Schuhe und Strümpfe werden ausgezogen. Man wird zugedeckt.

»Dass du nicht etwa aufstehst, bis ich wiederkomme«, sagt Tante Helene und geht.

Da liegt man. Mit dem schönen Kleidchen im Bett. Ist aber froh, dass wenigstens Po'chen nicht geklopft worden ist.

Aber es wird bald zu langweilig, mit den Fingern zu spielen, zu zählen, eins, f-fei, drei, vier, fünf … Man klettert also doch heraus. Man will nur anderes Gretchen im Spiegel sehen.

Da steht es auch richtig zwischen den Fenstern, hat schönes Kleidchen an, mit Schleife daran. »Tschuldigung, Frau Geheimrat«, sagt man und macht einen Knicks. Einen schönen Knicks, einen tiefen Knicks.

Anderes Gretchen macht auch einen Knicks. Einen schönen Knicks, einen tiefen Knicks. Es sagt aber nichts.

»Du musst der Tante die Hand küssen«, sagt man und küsst sich selber die Hand.

Anderes Gretchen küsst sich auch die Hand. Es sagt aber wieder nichts.

Man möchte doch so gern, dass es lacht und spricht.

Man macht wie Tante Helene, kneift die Augen zu, zieht die Stirn hoch, dass lauter Falten darin sind, zeigt mit dem Finger, stößt mit dem Kopf nach vorn und ruft: »Was hast du da wieder gemacht?«

Anderes Gretchen lacht aber nicht, wie Maruschka lacht, wenn man wie Tante Helene spricht. Es hat die Stirn auch in Falten gezogen und sieht genau wie Tante Helene aus. Man schaut sich um, ob niemand da ist.

Man ist ganz allein im Zimmer. Man versucht es nochmal. Man beugt sich vor, sagt: »Du bist ein ganz unartiges Kind.«

Anderes Gretchen beugt sich auch vor, macht ein hässliches Gesicht. Es spricht aber nicht, bewegt nur die Lippen. Man ist ärgerlich. Man möchte doch spielen. Wozu ist anderes Gretchen da, wenn es Kind dummes ist! Man drückt sich ganz nahe an die Wand heran, in der anderes Gretchen steht. Schlägt ihm ins Gesicht. Es schlägt wieder, aber man fühlt nichts. Nun spuckt man. Das läuft die kalte glatte Wand entlang, dass man es mit dem Finger auseinanderwischen kann. Aber man weiß nicht, ob anderes Gretchen auch gespuckt hat. Man sieht nichts.

»Komme heraus«, sagt man und winkt.

Anderes Gretchen winkt auch. Sagt wieder nichts. Man kann doch aber nicht in die Wand hineinsteigen.

»Gretchen holt Püppchen«, sagt man. Klettert auf einen Stuhl, nimmt Püppchen aus dem Kasten, in dem es schläft. Man schüttelt Püppchen. Da macht es die Augen auf. Man trägt es vorsichtig nach vorn, zwischen die Fenster.

Anderes Gretchen steht auch schon da, hat dasselbe Püppchen in der Hand.

»Du sollst Püppchen nicht haben«, sagt man, hält Püppchen hinter sich.

Anderes Gretchen hat nun kein Püppchen, hält auch die Hände auf dem Rücken.

Man schüttelt Püppchen wieder. In seinem Kopfe klappert etwas. Anderes Gretchen schüttelt sein Püppchen auch. Aber da klappert nichts.

Man holt sein kleines Stühlchen, setzt sich darauf.

Anderes Gretchen hat auch sein Stühlchen geholt. Sitzt auch darauf.

Man streckt ihm die Zunge heraus, macht bäh!

Es streckt auch die Zunge heraus, macht aber nicht bäh.

Es macht alles, was man selber macht, holt Püppchen, holt Stühlchen, sieht wie Tante Helene aus. Aber sprechen kann es nicht. Das lernt es auch nicht. Das weiß man jetzt.

Man möchte wissen, was in Püppchen immer so klappert. Man schüttelt es wieder, legt es der Länge nach hin und bohrt ihm die Finger in die Augen. Anderes Gretchen tut das alles auch.

Püppchens Augen fallen in den Kopf hinein, sind weg. Püppchen hat keine Augen mehr.

Püppchen von anderem Gretchen hat auch keine Augen mehr.

Weil man nun nicht weiß, was man machen soll und doch wissen will, wo die Augen geblieben sind, da tritt man Püppchen auf den Kopf.

Anderes Gretchen tut dasselbe.

Nun hat Püppchen auch keinen Kopf mehr. Aber die Augen sind wieder da. Sind ganz klein und rund und hässlich. Man nimmt sie in die Hand und zeigt sie dem anderen Gretchen.

Aber das hat sie auch schon in der Hand. Zeigt sie ebenso schnell.

Nun muss man Püppchen verstecken, damit niemand sieht, dass es keinen Kopf und keine Augen mehr hat.

Man holt wieder Stuhl, steigt darauf, legt es ohne Kopf, ohne Augen in seinen Kasten. Die Krümel, die der Kopf gemacht hat, wischt man unter den kleinen Schrank in der Ecke.

Als man wieder aufsteht von der Erde, da sieht man, anderes Gretchen hat den Mund auf und macht ein ganz erschrockenes Gesicht. Hinter ihm steht plötzlich eine andere Tante Helene. Sie kneift die Augen zu, ganz wie die richtige. Aber sie kann reden. Sie sagt: »Du bist ja doch aus dem Bett gestiegen. Habe ich es dir nicht verboten?«

Es klopft über dem Bauch. Als man sich umsieht, da merkt man, dass die richtige Tante Helene es war, die gesprochen hat und nicht die andere zwischen den Fenstern.

»Aber nun sollst du einmal sehen, was mit unartigen Kindern geschieht«, spricht Tante Helene weiter, »unten in der Küche ist schon der schwarze Mann und wartet. Der will dich mitnehmen, weil du so ungehorsam bist und auch der Tante Geheimrat nicht die Hand geküsst hast!«

Man sagt nichts darauf, denn man hat Angst wegen Püppchen. Schuhe und Strümpfe werden wieder angezogen. Man geht an Tante Helenens Hand die Treppe hinunter. Es klopft stärker über dem Bauch.

Da steht man in der Küche, wo Mamsell ist und Mine und Minna und Berta. Da steht denn auch richtig am Herd ein großer Mann, hat einen Besen in der Hand und einen großen schwarzen Ring über der Schulter.

Minna zwinkert mit den Augen. Mamsell lacht. Der schwarze Mann hat einen ganz roten Mund und weiße lange Zähne darin.

»Hier ist das ungezogene Kind«, sagt Tante Helene, »nehmen Sie sie nur mit, schwarzer Mann!«

Aber man fürchtet sich gar nicht. Man findet diesen schwarzen Mann ganz wunderschön. Weil man aber nicht recht weiß, wie man ihm das sagen soll, da geht man zu ihm, nimmt seine große schwarze Hand und küsst sie. Küsst sie noch einmal und noch einmal. Jetzt hat man es gewiss richtig gemacht.

Mamsell lacht, Minna lacht, der schwarze Mann lacht. Man selber springt auf beiden Füßen hoch und lacht auch. Dann sagt man ganz laut, damit alle es hören können: »Mitgehen, schwarzer Mann!«

Tante Helene reißt aber zurück, trägt in die Stube zu Großmama. Großmama sitzt noch auf dem Sofa. Die große Nase ist weg.

»Es ist doch einfach toll mit ihr, jetzt hat sie dem schmutzigen August die Hand geküsst«, sagt Tante Helene.

»Huh«, macht Großmama, »wie kann man denn nur eine schmutzige Schornsteinfegerhand küssen? Man bekommt doch einen schwarzen Mund davon!«

Aber das ist nun gleich. Schwarzer Mund oder nicht. Der Pakt mit dem Schwarzen ist geschlossen und mit rotem und haltbarem Siegel bestätigt.

Der »schmutzige August« wird guter Freund und bleibt es auch in krausesten und verworrensten Tagen langsamer Menschwerdung. Dieser schmutzige August hat sein ehrliches Teil dazu beigetragen, dass man niemals ganz das Gleichgewicht verloren hat, selbst wenn man auf brennendem Dach stehen musste inmitten scheußlich stinkender Rauchschwaden. Ihm muss man wohl auch noch für etwas anderes dankbar sein: alle die schwarzen Männer, die in späteren Jahren auftauchten und lange Besen oder andere Sinnbilder ihres Mannestums schwangen, sind lachend als das erkannt worden, was sie waren, nämlich arme, rußige Menschen von Fleisch und Blut, die mittels irgendwelcher Schmierseife sogar zu rosigen Märchenprinzen sich verwandeln konnten.

Das absolut Böse

Maruschka ist nicht mehr da. Alle Morgen kommt jetzt Minna, bringt warme Milch von der Kuh ans Bettchen. Wirft Holz und Torf in den Ofen. Dann stinkt es. Man muss unter die Decke kriechen, denn die Fenster müssen weit aufgemacht werden, weil man sonst nicht atmen kann. Großmama sagt, Minna kann kein Feuer machen. Ach, wenn man selber doch einmal Feuer machen dürfte. Mit den kleinen Stangen aus der Schachtel!

Eines Morgens wacht man auf. Da ist es schon ganz warm im Zimmer. Am Fenster sitzt eine Frau, die man im Spiegel noch einmal sehen kann.

»Du hast aber gut geschlafen«, sagt sie.

Sie heißt Guste.

Man bekommt ein neues Kleidchen. Das ist blau kariert. Und teuer. Guste macht das Kleidchen. Sie trampelt es mit den Füßen. Wenn sie trampelt, tanzen auf dem Tisch, an dem sie sitzt, zwei kleine Männer. Die hüpfen auf und ab. Ist der eine unten und ganz klein, so ist der andere oben und ganz lang. Als man gewaschen und angezogen ist, muss man immer wieder zu ihnen hinschauen. Man lässt Bilderbuch und Baukasten liegen und geht ganz nahe, um zu sehen, wie sie tanzen. Der Tisch, an dem Guste trampelt, heißt Maschine. Man kann sich gar nicht denken, wie das, was auf Gustes Schoß liegt, ein Kleidchen werden soll. Guste schenkt ein kleines Stückchen Zeug, was auch blaukariert ist. Man soll Püppchen ein Schürzchen nähen. Aber Püppchen liegt doch oben im

Kasten, hat keinen Kopf und keine Augen. Das Stückchen Zeug wird also vorläufig in die Ecke gesteckt.

Dann muss man stillstehen. Guste muss doch sehen, ob alles richtig ist und richtig sitzt. Während sie an den Armen herumfühlt, sieht man wieder nur die Männerchen an, die jetzt stillstehen. Man möchte so gern, dass sie wieder tanzen. Man fängt an zu drehen, will mit dem Fuß auf das Brett unten steigen, will auch trampeln. Da wird Guste aber ganz böse. Sie sagt, man darf nicht an der Maschine spielen. Sonst springt der Hase heraus. Der Hase? Man weiß nicht recht, ob sie nicht Spaß macht. Man hat ihr vorhin den Hasen im Bilderbuch gezeigt. Das ist ein hässliches Tier, das man gar nicht leiden kann. Es hat lange Ohren und böse Augen. Wo ein solches hässliches Tier in der Maschine sitzen soll, das weiß man nicht. Aber man dreht doch lieber nicht mehr. Als Guste wieder trampelt, da setzt man sich auf einen großen Stuhl neben sie und passt genau auf. Man sucht die ganze Maschine mit den Augen ab, wo denn nur der Hase stecken kann. Endlich entdeckt man einen Kasten, der vorn einen Knopf hat und über dem Rade sitzt. Es kann sein, dass der Hase in diesem Kasten sitzt. Vielleicht kann er sich ganz klein machen, wie man selber sich im Bettchen klein macht. Und dann ist er plötzlich wieder so groß, dass man es gar nicht sagen kann. Es ist eine sonderbare Angelegenheit mit diesem Hasen.

Die Finger möchten aber so gern die Männerchen auf der Maschine anfassen. Als man aber die Hand ausstreckt, da kommt der große Stuhl ins Rutschen. Man schreit jämmerlich. Man hat sich den Mund gestoßen. Aus dem Daumen kommt Blut. Es tut sehr weh. Das Rad steht still. »Siehst du«, sagt Guste, »nun ist der Hase herausgesprungen und hat dich gebissen.« Sie wäscht Mund und Daumen. Nimmt einen weißen Lappen und wickelt ihn rund um den Daumen, bis er ganz dick ist. Nimmt einen Bleistift und malt damit ein Gesicht oben auf den Lappen. »Das ist August«, sagt sie. Warum das August ist, weiß man nicht. Man ist ja noch so dumm und klein. Man denkt an den schmutzigen August. Der ist ja aber schwarz und nicht weiß. Weinen muss man aber nicht mehr. Man setzt sich in sein Stühlchen ins Eckchen und sieht sich den weißen August an. Lässt ihn tanzen wie Männchen auf der Maschine. Auf und ab. Erzählt ihm alles, was man weiß. Vom Bilderbuch, von Maruschka, vom anderen Gretchen im Spiegel, das Püppchen den Kopf zertreten hat, von den Röhrenhosen. Und vom bösen Hasen, der herausgesprungen ist und gebissen hat. August hört aufmerksam zu. Manchmal piekt es ihn. Das kann aber nicht wehtun, weil es doch August ist, in dem es piekt. August weint nicht.

Guste freut sich, dass es nicht mehr wehtut. Man geht wieder hin zu ihr. Möchte doch so gern noch mehr solcher Augusts haben mit Gesichtern. An jedem Finger einen. Guste lacht, sagt: »Das können wir ja machen.« Holt wieder den langen Bleistift aus ihrer Tasche, malt oben auf jeden Fingernagel ein Gesicht.

Zuerst ist man nicht ganz zufrieden damit. Man möchte lieber dicke Lappenaugusts haben. Es geht dann aber auch so. Man kann jedem Finger einen Namen geben. Der Daumen an der anderen Hand heißt Tante Helene. Er haut alle anderen Finger auf Po'chen, macht kleine Augen, sagt: »Was hast du da wieder gemacht?« Dann laufen die anderen Finger davon. Alle haben sie Namen. Einer heißt Mamsell, einer Mine, einer Hektor. Nur Hase will keiner heißen. Nein! Hase heißt keiner!

Als man nach dem Mittagessen wieder zu Guste heraufkommt, da ist das Kleidchen richtig fertig. Man darf helfen, zieht Fäden aus, die Heftfäden heißen.

Guste näht dann noch mit der Hand die schönen Knöpfe an das Kleidchen. Sie tut auch einen Faden in eine zweite Nadel, und man darf selber nähen. Damit der Faden nicht herausrutscht, macht sie einen Knoten hinein. Man versucht auch, einen Knoten zu machen, aber man kann es nicht. Man näht hin und her, bis der Faden zu Ende ist. Aber es tut August weh, wenn man näht.

Später trinkt man Schokolade mit Guste. Isst eine Schnecke dazu. Das ist aber keine gewöhnliche Schnecke, die ein Haus auf dem Rücken hat und im Bilderbuch und im Garten herumkriecht, sondern das ist eine richtige Schnecke, die Mamsell im Herd gebacken hat. Man kann immer einen Rand nach dem andern abwickeln und essen. Der letzte schmeckt am süßesten.

»So«, sagt Guste, »jetzt ziehen wir das neue Kleidchen an und du gehst zu Großmama hinunter.«

Ja, das will man gern tun. Kleidchen wird über den Kopf gezogen, Haar wird gebürstet. Man sieht sich im Spiegel. Man ist ganz blau kariert. Hat große rote Schleife hinten auf Po'chen. Und eine auf dem Kopf. Man nimmt Bilderbuch unter den Arm und geht ganz allein die Treppe hinunter. Hält sich schön fest am Geländer, damit Bilderbuch nicht fällt. Geht unten in die Stube. Großmama hat Bratäpfel in der Röhre. Das riecht man.

»Ei, ei, ei, was hat Gretchen für ein feines Kleidchen an!«, ruft Großmama. »Das ist aber auch teuer«, sagt Tante Helene. Man sitzt mit dem neuen Kleidchen auf einem großen Stuhl, muss aufpassen, dass Schleife auf Po'chen nicht zerdrückt wird, darf sie nicht anfassen, weil man Bratäpfel isst. Großmama zieht den Bratäpfeln die Haut ab, legt sie auf einen Teller. Man pustet, bis man sie anfassen kann. Man isst eins, zwei, drei, vier. Dann ist es genug. Finger werden abgewischt. Man zeigt Großmama das Bilderbuch. Man zeigt ihr die Schnecke, die ganz anders ist als die Schnecke, die man bei Guste gegessen hat. Man zeigt ihr auch den Hasen, der in Gustes Maschine sitzt und gebissen hat. »Böser Hase«, sagt man, haut den Hasen auf die Schnauze und schlägt das Bilderbuch um, weil man ihn gar nicht mehr sehen will.

Onkel Paul der Herr kommt. Er pustet auf die rote Schleife am Kopf. Das mag man nicht. Man hat nun gar keine Angst mehr vor ihm und haut ihm mit dem Bilderbuch auf den Kopf. »Du, du«, sagt Tante Helene, »wenn du Onkel Paul haust, so kommt der Hase.«

Zuerst bekommt man natürlich einen Schreck. Aber dann lacht man. Man weiß es doch besser. Der Hase sitzt oben bei der Guste in dem Kasten über dem Rad. Er springt nur heraus, wenn man an der Maschine dreht. Wie soll er denn hier herunterkommen? Soll er etwa allein die Treppe herunterspringen? Das glaubt man denn doch nicht. Man haut also weiter nach Onkel Pauls Kopf, weil der doch immer wieder auf die Schleife pustet.

Tante Helene steht auf und geht hinaus. Man sieht ihr einen Augenblick nach, denn sie hat etwas zu Onkel Paul gesagt, was man nicht verstanden hat.

»Nun ist es genug«, sagt Paul der Herr. »Nein, es ist nicht genug«, schreit man. »Na wart', jetzt kommt der Hase.« – Als ob man das glaubte. Der Hase kommt nicht. Er ist oben.

Da muss man mit Onkel Paul in Großmamas Schlafzimmer gehen. Man weiß nicht, warum. Man steht vor der großen Uhr, in der man sich vor Maruschka versteckt hat. Onkel Paul macht die Türe von der Uhr auf. Da muss man ganz laut schreien, denn da ist etwas Entsetzliches. Mitten in der Uhr sitzt der Hase aus dem Bilderbuch. Aber noch viel schrecklicher. Er ist größer als man selbst. Sitzt da, macht unglaublich hässliche und große Augen. Sieht so böse aus, dass man sich fürchtet wie noch nie. Über dem Bauch klopft es laut. Man reißt an Onkel Paul, man will hinaus. Man wirft sich auf die Erde mit dem neuen Kleidchen. Bis Großmama kommt und aufhebt. Dann sitzt man in der anderen Stube auf ihrem Schoß, klammert sich fest, drückt den Kopf in sie hinein und will niemanden sehen, nicht Onkel Paul, nicht Tante Helene und um keinen Preis diesen entsetzlichen Hasen mit den bösen Augen.

Tante Helene und Onkel Paul lachen. Großmama sagt: »Es ist ein Unfug.« Da werfen sie die Türe hinter sich zu. Man ist mit Großmama allein.

»Du bist doch ein ganz törichtes kleines Gretchen«, sagt sie und streichelt die Arme, »den Hasen hat Tante Helene doch in die Uhr gesetzt, zum Spaß. Er ist ja tot und steif gefroren und kann niemandem etwas tun. Morgen wollen wir ihn aufessen.«

Das ist nun wieder schrecklich. Nein, ein solches hässliches Tier will man nicht essen.

»Komm«, sagt Großmama, »wir wollen ihn noch einmal ganz ruhig ansehen, man darf sich doch nicht vor einem Hasen fürchten!«

Aber man weint und jammert. Nein, niemals wieder will man in diese Augen sehen, die so gewesen sind, dass man sie nie wieder vergessen kann.

Es gibt Philosophen, die das absolut Böse leugnen und ihm keinen Platz einräumen wollen unter den irdischen Begebenheiten. Eine etwas abwegige Kindheit muss es daher wohl gewesen sein, in der dieses absolut Böse sich darstellte in der Gestalt des Hasen, der Symbol geworden ist für Feigheit und Dummheit.

Ei, der schöne Hampelmann

Onkel Doktor Frosch ist da. Und Männe. O Männe, den man so sehr liebhat. Männe ist kleiner als Hektor und hat einen langen Schwanz, mit dem er hin und her haut. Man sagt zu ihm: »Männe, mach schön«, dann stellt er sich auf die Hinterbeine und macht bitte, bitte mit seinen dicken Händen. Zwischen den Hinterbeinen hat er einen roten Zipfel. Er bekommt ein Stückchen Zucker. Das würde man selber gern essen, aber weil man Männe doch liebhat, steckt man es ihm in seinen Mund. Als er es aufgegessen hat, leckt er sich den Zipfel zwischen den Beinen. »Kusch dich, Männe«, sagt Onkel Doktor Frosch, da kriecht Männe unter das Sofa. Man kriecht hinterher, aber man kann nur seinen Schwanz in die Hand bekommen. Da knurrt Männe. Man knurrt auch, weil man ihm doch etwas sagen will. Da bellt Männe. Man bellt auch, genauso, damit er es versteht.

»Es ist ein Kreuz mit ihr«, sagt Großmama.

Was das heißen soll, weiß man nicht. Man sieht aber, Onkel Doktor Frosch steckt eine Hand in seine Tasche. Da steht man auf von der Erde. Denn nun bekommt man etwas geschenkt, was in der Tasche ist. Da ist es schon. Zappelt in der Luft. Man stellt sich ganz hoch auf die Zehenspitzen, müsste eigentlich bitte, bitte machen wie Männe, aber es geht auch so. Man weiß doch genau, dass man es bekommt. Nun zappelt es ganz nahe über dem Kopf. Nun hat man es erwischt. Man macht es wie Onkel Doktor Frosch, zieht an dem Faden, lässt es tanzen, auf und ab. Findet es ganz herrlich. Sagt: Danke! Nimmt nebenbei auch noch den roten Apfel aus der anderen Tasche von Onkel Doktor Frosch, sagt wieder: Danke, und hat ihn sehr lieb, trotzdem man ihm doch beinahe den Finger abgebissen hat.

»Ei, der schöne Hampelmann!«, sagt Großmama.

»Ei, der schöne Hampelmann!«, sagt man selber.

Hampelmann hat eine Mütze auf dem Kopf und ein rotes lustiges Gesicht. Man muss nur immer wieder ziehen. Dann bewegt er Arme und Beine. Er hat Röhrenhosen an. Onkel Doktor Frosch hat auch Röhrenhosen an. Das hat man nur noch nicht gesehen, weil er eine Schürze umgehabt hat, als man von der Schaukel gefallen ist. Nun klappt er die Röhrenhosen auseinander, und man muss sich dazwischenstellen. Es steht sich gut da, es ist ganz warm. Aber man hat doch ein bisschen Angst. Rückt hin und her. Onkel Doktor Frosch klemmt die Röhren fest zusammen, dass man gar nicht mehr heraus kann und sagt: »Jetzt stehst du aber mal ganz still, sonst nehme ich den Hampelmann wieder mit.«

Er fühlt nun am Kopf herum, an der Stelle, wo der Stein dringesteckt hat, als man von der Schaukel gefallen ist. Es tut auch jetzt noch weh bis in den Bauch. Man möchte ihm am liebsten wieder in den Finger beißen. Aber man will doch den schönen Hampelmann behalten. Darum ist man dann still. »Sehr gut verheilt«, sagt Onkel Doktor Frosch, gibt noch einen Schlag auf Po'chen, nickt und lacht. Man geht an sein Tischchen. Großmama und Onkel Doktor Frosch haben noch lange miteinander zu reden. Man isst den großen Apfel, gibt auch dem Hampelmann davon ab. Kaut es erst ein bisschen, tut es ihm dann auf den Mund. Er hebt die Hand, sagt: Danke! Es schmeckt ihm gut. Man gibt ihm noch mehr. Danke, sagt er wieder, hebt Hand und Fuß. Nur die Schale mag er nicht. Die spuckt er aus. Hinter den Ofen. Männe kommt auch wieder, bekommt auch ein Stück Apfel. Onkel Doktor Frosch sieht es und sagt: »Du musst Männe Wasser geben, er hat Durst.«

Man holt die Schüssel von Hektor, die vor der Tür steht. Nun ist man doch schon so groß, dass man die Türe auf und zu machen kann. Man trägt die Schüssel sehr vorsichtig, damit man das Wasser nicht ausschüttet. Man stellt sich vor Männe hin. Männe trinkt aber nicht. Er steckt ja nicht einmal die Nase hinein. »Nein«, sagt man zu Onkel Doktor Frosch, »was du dir denkst, Wasser will Männe nicht. Das ist ihm viel zu nüchtern.« Da lacht Großmama laut auf und sagt: »Ist sie nicht ein verdrehtes kleines Frauenzimmer!«

Gerade als man noch darüber nachdenkt, was ein Frauenzimmer ist, kommt Tante Helene. Sie kneift die Augen zu, zeigt auf die Erde und ruft: »Was hast du wieder gemacht?«

Auf der Erde ist alles nass. Das war man doch aber nicht, das war doch die Schüssel von Hektor. Man ist empört. Hofft, bei Großmama Hilfe zu finden, zeigt auf Tante Helene und sagt zu Großmama: »Ist sie nicht ein verdrehtes kleines Frauenzimmer?«

Darüber freut sich Onkel Doktor Frosch. Man selber freut sich auch, lacht und tanzt herum, denn nun weiß Tante Helene doch Bescheid. Aber Tante

Helene lacht gar nicht. Sie sieht auch den schönen Hampelmann gar nicht an. Man wird in Großmamas Schlafzimmer gesteckt, wo die Uhr ist. Die Tür wird zugemacht. Kein Männe kommt, kein Hektor, keine Maruschka. Und man weiß nicht einmal, ob der Hase nicht in der Uhr ist. Der Hampelmann sieht aus, als ob er weinen möchte. Der Faden, an dem man ihn tanzen lassen kann, ist gerissen. Man kann ihn nicht wieder zusammenbinden.

Man fängt eine Fliege am Fenster. Das hat man noch von Maruschka gelernt. Die Fliege summt in der Hand. Als man aber die Hand aufmacht, da ist sie schon fortgeflogen. Man muss sie noch einmal fangen. Damit sie nicht wieder fortfliegen kann, knipst man ihr die Flügel ab. Nun krabbelt sie nur noch auf dem Tisch. Aber sie ist gar nicht schön ohne Flügel. Man will sie wieder ans Fenster setzen. Sie fällt herunter. Sie ist müde, schläft nun wohl unter dem Tisch.

Dahinten steht Großmamas Bett. Das ist sehr groß. Es ist ein Dach darüber wie über dem Haufen im Hofe, wo die Hühner sitzen. Es sind auch Vorhänge da. Wenn man durch sie hineinkriecht, dann kann man sich hinlegen und tun, wie wenn man in seinem eigenen Bettchen ist. Man kann die Augen zumachen. Kann mit den Fingern spielen, kann zählen, mit ihnen sprechen und tun, als ob sie noch Auguste wären. Man kann auch alles vor sich hinsagen, was man gehört hat: »Es ist ein Kreuz mit ihr« und »Karl sollte so etwas nicht tun.«

Während man so liegt, entdeckt man etwas. Das hat man noch nie gesehen und war doch schon so oft bei

Großmama im Bett. An der Wand hängt es. Zwischen den Vorhängen. Wenn man aufsteht, so kann man es vielleicht erreichen. Man versucht es, ist aber noch zu klein. Man nimmt alle Kissen und legt sie sich unter die Füße. Da kommt man heran. Es sitzt aber fest. Man muss rütteln. Endlich bewegt es sich, fällt herunter aufs Bett. Nun kann man es nehmen und ansehen. Es ist auch ein Hampelmann. Aber er ist viel schwerer als der von Onkel Doktor Frosch. Er hat auch eine Mütze auf dem Kopf, hat Arme und Beine, aber keinen Faden, an dem man ziehen kann. Man nimmt ihn in den Arm wie Püppchen, gibt ihm das allerletzte von dem Apfel zu essen, hat ihn lieb, gibt ihm auch Küsschen.

Da kommt Tante Helene wieder. »Allmächtiger«, schreit sie, hat gar keine Augen mehr. Reißt aus dem Bett, legt das, was man im Arm hat, auf den Tisch. Man wird umgedreht. Po'chen wird verhauen. Man brüllt, schlägt, stößt. Bis Tante Helene genug hat und man selber auch. Man steht da, schluchzt, möchte Tante Helene die Hand abhauen, damit sie nicht schlagen kann. Weiß doch nicht, was wieder los ist. »Du gottloses Kind«, sagt sie, »wie konntest du den lieben Herrn Jesus von der Wand nehmen?« Da heult man noch ärger: »Es ist doch so ein schöner Hampelmann.« Tante Helene hebt beide Arme hoch: »Knie sofort nieder«, sagt sie. Nein, man will nicht knien. Man will gar nichts tun, was sie will. »Küsse seine Füße«, schreit sie. Nein, man will die Füße nicht küssen. Man ist ja ganz dumm im Kopf. Man mag diesen Herrn Jesus gar nicht mehr. Man hat den anderen

Hampelmann viel lieber. »Willst du augenblicklich...?« – Nein, man will nicht. Da wird man in die dunkle Besenkammer im Flur gesperrt. Was Großmama ruft, versteht man nicht. Es nutzt nichts, sich auf die Erde zu legen. Tante Helene ist stärker. Sie packt zu, stößt hinein in die Kammer, riegelt ab von außen.

Man kennt die Kammer schon. Hat schon öfter darin gestanden. Einmal, weil man nicht »bitte« sagen wollte. Einmal, weil man gespuckt hat. Man fürchtet sich auch nicht mehr vor den Besen. Man trocknet das Gesicht ab mit der Schürze. So steht man lange, auf müden Beinen und sieht über sich, ganz hoch oben, einen schmalen hellen Spalt. Das ist der Himmel, denn die Kammer ist eigentlich ein Schornstein. Und mit diesem Schornstein hat es noch eine besondere Bewandtnis, wie man von Großmama weiß. Durch ihn ist man vom Himmel heruntergefallen, als man noch ganz klein war, gerade in Mamsells Schürze hinein. Aber wie man da oben an den Himmel gekommen ist, das weiß Großmama auch nicht.

Es tropft schwarz von oben herunter. Es stinkt. Es ist kalt. Da schlägt man mit den Händen an die Wände. Als niemand hört, da kratzt man mit den Fingern den dicken schwarzen Ruß ab und beschmiert sich von oben bis unten, beschmiert Gesicht und Arme, Kleidchen und Schürze, Beine und Haar, will aussehen wie der schmutzige August, damit Tante Helene sich ärgern muss.

Und hier, zwischen Staub und Ruß, zwischen schwarzen rasselnden Eimern und stechenden Besen, vollzieht sich ein großes und unfassbares Wunder. Hier streckt die Knospe »*ICH*« zum ersten Mal tastende Blütenblätter aus dem schützenden Deckblatt der Unbewusstheit hervor.

Man macht eine unendlich wichtige Entdeckung.

Man findet heraus, dass man selber etwas ist, was niemand sonst ist und niemand sonst sein kann, nicht Großmama, nicht Hektor, nicht Maruschka, nicht Paul der Herr.

Man merkt, dass man ein nicht zu verwechselnder, auch für alle anderen Menschen deutlich erkennbarer Jemand ist, der will, wenn er will, und nicht will, wenn er nicht will. Man ist jemand, der Gretchen heißt und nicht um viele Hampelmänner Tante Helene heißen möchte.

Und unter Aufziehen und Tränen brüllt man wieder so laut, dass man es im Himmel hören kann, von wo man gekommen ist:

»*ICH* will nicht.«

Komische Tante!

»Warum darf Hektor nicht mitkommen?«

»Weil Hunde nicht in der Kirche sein dürfen.«

»Warum dürfen Hunde nicht in der Kirche sein?«

»Weil es verboten ist!«

»Warum ist es denn verboten?«

»Nun höre endlich mit der Fragerei auf. Das ist ja grässlich.«

Tante Helene hält fest an der Hand. Wir gehen die Straße entlang. Ich mache immerfort Knickse, nach allen Seiten hin, denn überall sind Tanten. Alle haben schwarze Bücher in den Händen und alle gehen in dasselbe große Haus wie wir, das Kirche heißt und in das die Hunde nicht mit hineindürfen. Da muss man stillsitzen und darf nicht sprechen, hat Tante Helene gesagt. Warum das so ist, weiß man nicht.

Das große Haus gefällt mir nicht. Als wir hineinkommen, macht etwas großen Lärm. Es bläst in der Luft. In mir fängt es wieder an zu klopfen.

Ich muss mich neben Tante Helene auf eine enge Bank setzen. Sie faltet mir die Finger zusammen und flüstert mir ins Ohr: »Nun musst du beten.«

Aber es ist doch nicht Abend. Ich liege doch nicht im Bettchen. »Warum muss ich beten?«, frage ich.

»Scht«, macht sie.

Ich sehe mich um. Alle Tanten haben die Finger gefaltet. Aber sie sprechen nicht.

Tante Helene flüstert wieder: »Du musst leise für dich sagen:

Ich bin klein,
Mein Herz ist rein,
Soll niemand drin wohnen
Als Jesus allein.«

»Nein«, sage ich laut, »der Herr Jesus soll nicht in meinem Herze wohnen.« Ich bin sehr entrüstet.

Tante Helene hält mir den Mund zu. Vor uns dreht sich ein Onkel um und lacht. Mir ist es doch aber ganz ernst. Dieser Herr Jesus, um den ich in die dunkle Besenkammer gesperrt worden bin, soll doch nicht in meinem Herzen wohnen.

Und der Lärm, das Blasen in der Luft will gar nicht aufhören. Der Kopf tut weh davon. Was das alles bedeuten soll, kann man sich doch gar nicht denken.

Es ist ungemütlich und kalt in diesem Hause.

Tante Helene legt ihren Kopf jetzt auf das Brett, auf dem die schwarzen Bücher liegen. Vielleicht tut ihr das Blasen auch im Kopf weh.

Endlich hört es auf. Es wird ganz still. Nun kann man sich wenigstens in Ruhe umsehen. Da sind überall Bänke. Ganz vorn sind schöne große Fenster mit bunten Abziehbildern darauf. Aber was ist denn das? Zwischen diesen Fenstern hängt ja genau derselbe Herr Jesus, der bei Großmama überm Bett gewesen ist. Ich erkenne ihn sofort. Er hält die Arme genau so weit auseinander und die Füße übereinander. Aber er ist viel größer.

Es wird mir recht unheimlich. Wozu hängt er da und will in meinem Herzen wohnen, wo ich doch so klein bin und er so groß ist? Warum ist Tante Helene hier mit mir in das Haus gegangen? Warum sind alle die vielen Tanten da? Irgendetwas scheint mir da nicht in Ordnung zu sein.

Ich rutsche von der Bank, will an Tante Helene vorbei kriechen. Sie hebt den Kopf, drückt mich wieder auf die Bank zurück. »Er ist ja viel zu groß«, sage ich noch einmal.

»Scht«, machen die anderen Tanten.

Das Blasen in der Luft geht von neuem los. Alle Tanten reißen den Mund auf und fangen an zu singen. Was sie sagen, wenn sie singen, kann man nicht verstehen. Es ist gar nicht schön.

»Es soll doch nicht immer so blasen«, sage ich zu der Tante, die an der anderen Seite neben mir sitzt.

»Das ist doch die Orgel«, flüstert sie an meinem Ohr.

»Wo ist denn die Orgel?«

»Nachher«, flüstert sie, »jetzt halte mir das Gesangbuch!«

Ich halte das schwarze Buch in der Luft immer vor sie hin, bis sie fertig gesungen hat und mir die Arme wehtun.

Dann ist es wieder still.

»Nun kommt der Herr Pastor«, sagt die dicke Tante.

Ich recke den Hals, möchte doch sehen, wie der Herr Pastor aussieht. Ich kann aber niemand entdecken, der kommt.

Da bewegt sich oben in einem großen Kasten etwas. Der Kasten hängt über all den Tanten an der Wand. Jemand spricht ganz laut, mitten in das Haus hinein. Hier darf doch aber nicht gesprochen werden. Ich lege den Kopf zurück. Ich sehe, dass in dem Kasten auch eine dicke Tante steht. Sie hat ein schwarzes Kleid an und einen Pichel um. Einen weißen Pichel[1], wie ich ihn immer zum Essen um habe. Sie legt ein großes schwarzes Buch vor sich hin. Dann breitet sie die Arme aus, macht sich klein und wieder groß, dreht sich nach allen Seiten wie das andere Gretchen im Spiegel. Sie greift mit den Händen in die Luft, wie wenn sie Fliegen fangen wollte. Dann macht sie wieder eine Faust, sodass man Angst bekommt, dass sie schlagen will. Und dabei redet sie immerfort. Und niemand sagt ihr, dass man nicht reden darf.

Ich rücke hin und her. Endlich halte ich es nicht mehr aus. Ich bin ganz angefüllt mit dem Glauben, dass ich etwas durchaus Notwendiges tun muss, was außer mir niemand tut. Ich springe auf die Bank und rufe laut nach oben: »Du darfst hier nicht sprechen.«

Aber das ist wieder nicht richtig gewesen. Tante Helene haut mich auf den Mund, reißt mich herunter, setzt mich auf ihren Schoß, hält mich so fest, dass es wehtut. Ich möchte weinen, aber wegen der vielen Tanten schlucke ich die Tränen herunter.

Die Tante in dem Kasten winkt uns zu. Dann redet sie weiter. Was soll man nun dazu sagen?

Zuerst dieses Blasen, das von der Orgel kommt, von der man nicht weiß, wo sie ist und wozu sie ist. Dann dieser große Herr Jesus da vorn, der durchaus im Herzen wohnen will, trotzdem man doch von Groß-mama weiß, dass das Herz über dem Bauch sitzt und ganz klein ist. Dann diese Tante da im Kasten, die da lauter Knickse und Verbeugungen macht und laut spricht, trotzdem in der Kirche nur gesungen werden darf. Und Hektor, der nicht hier hereindarf, trotzdem er ein kluger Hund ist. Es ist sehr schwer, mit den großen Leuten umzugehen. Es ist auch sehr anstrengend, immer über sie nachzudenken. Es macht müde. Tante Helene hat einen langen Schwanz um den Hals gebunden, der stinkt fürchterlich. Aber schließlich lehne ich mich doch daran …

Da tanzen alle die Tanten durcheinander. »Nun, wie war es denn in der Kirche?«, fragt Großmama, als wir wieder zu Hause sind.

»Es war eine komische Tante da in einem Kasten, die hat immerfort gesprochen, und man darf doch in der Kirche nicht sprechen«, sage ich.

Da fängt Tante Helene plötzlich an zu weinen. Sie sagt, man soll mich wieder zu meiner Mutter zurückschicken, weil es nicht auszuhalten ist.

Großmama fragt noch alles Mögliche. Ich weiß aber nicht, was ich antworten soll. Ich möchte nicht, dass Tante Helene weint. Es hört sich schrecklich an. Sie schreit: »Ich schreibe es aber deiner Mutter, wie du ungezogen gewesen bist.«

Ich habe wieder keine Ahnung, wer das ist und wo das ist: Meine Mutter. Mag aber Tante Helene nicht sagen, dass ich das nicht weiß.

Großmama geht mit mir hinaus in die Küche. Ich möchte sie nach meiner Mutter fragen, der Tante Helene schreiben will. Aber die Worte gehen nicht aus dem Mund heraus, trotzdem sie darin sind. Vielleicht sind zu viele darin.

»Großmama!« – – –

»Was denn?«

»Muss der Herr Jesus in meinem Herzen wohnen?« – – –

Großmama sieht mich lange an. »Armes Kind«, sagt sie dann und gibt mir ein Schinkenbrot.

»Er ist doch so groß, und ich bin doch so klein, Großmama.«

»Wir sollen an ihn denken, dass wir ebenso gut werden wie er, das heißt, er soll in uns wohnen.«

Davon aber wird man auch nicht klüger. Ich finde gar nicht, dass er gut ist. Seinetwegen bin ich eingesperrt worden.

»Geh und bitte Tante Helene, dass sie nicht an deine Mutter schreibt. Deine Mutter hat Sorgen genug.«

»Warum hat meine Mutter Sorgen, Großmama?«

»Das verstehst du noch nicht.«

»Doch, Großmama, das verstehe ich. Sag' es mir doch!«

»Wenn du einmal größer bist«, sagt Großmama.

Aber es dauert sehr lange, bis man größer wird. Bis man so groß wird, dass die großen Leute nicht mehr größer sind. Mutter! Wie ist das? Wo ist das? Wozu ist das?

[1] Lätzchen

Uralte Mauer und drei weitere Entdeckungen

»Was will Gretchen auf dem Zwieback haben, Butter oder Honig?«

»*Ich* will Butter.«

»Ja was ist denn das, sie sagt ja *ich*«, wundert sich Großmama.

»Bitte«, funkelt Tante Helene von der anderen Seite des Tisches.

»Ich will Z-w-fiback mit Butter«, wiederhole ich. So. Jetzt ist es gegangen, Z-w-fiback!

»Du musst doch aber nicht solche Gesichter dazu schneiden«, lacht Großmama.

Wir trinken jetzt immer in der Laube Kaffee. Die Laube steht vor der Türe. Es ist warm. Ich habe ein weißes Kleidchen an, das gar keine Ärmel hat.

In die Blätter der Laube ist vorn ein großes Loch hineingeschnitten, damit man die Menschen draußen auf dem Markt sehen kann. Das hat Großmama getan. Ich habe ihr das Körbchen dabei gehalten. Die Blätter sind grün. Alle Blätter sind grün. Aber grüne Blumen gibt es nicht.

Onkel Paul der Herr kommt auch, trinkt Kaffee wie Großmama. Er tut sich Honig oben auf die Butter. Das kann ich gar nicht sehen, da wird mir der Mund ganz nass innen. Ich mag keinen Honig. Ich werde doch das nicht essen, was die Bienen gemacht haben.

Minna räumt den Tisch ab. Nur die Blumen bleiben stehen. Es sind Rosen aus dem Garten neben der Laube, in dem mir Großmama ein kleines Beet geschenkt hat. Sie hat mir runde gelbe Erbsen gegeben. Die habe ich in die Erde gelegt. Aus denen sollen Blätter wachsen. Vorläufig kann ich das noch nicht glauben. Man muss es abwarten. Man weiß ja nie, ob die großen Leute es ernst meinen, wenn sie etwas sagen. Onkel Paul hat mir einen Pfennig gegeben, den soll ich auch eingraben. An dem wachsen dann andere Pfennige, für die man sich etwas kaufen kann.

Ich bin ganz allein in der Laube. Wenn ich jetzt meine Finger zähle, so bleibt keiner mehr übrig. 1, 2, 3, 4, 5 sitzen an der einen Hand, 6, 7, 8, 9, 10 an der anderen, 11, 12, 13, 14, 15 sind wieder da, wo 1, 2, 3, 4, 5 sind. Es ist sehr lustig. Man kann alles zählen, Blätter und Tassen, Z-w-fibacke und Menschen.

»Ja, was ist denn das, sie sagt ja *ich*«, wiederhole ich, genau so, wie Großmama es gesagt hat, freue mich, dass ich das nun weiß: Ich, ich, ich, ich. Das werde ich nun niemals wieder vergessen. Man sagt von sich selber immer »*Ich*«.

Wenn mich jemand fragt: »Wie heißt du?«, so werde ich sagen: »Ich heiße Gretchen Beutler und bin viereinhalb Jahr alt.«

Durch das Loch in den Blättern sehe ich Jungens auf dem Markte. Es sind vier. Sie haben Hosen an bis zum Knie und schreien laut, weil sie spielen. Sie gefallen mir sehr gut. Ich klettere an der Außenseite der Laube hoch und denke, dass sie mich da sehen werden. Ich möchte doch so gern einmal mit richtigen Jungens spielen. Es sitzt schon im Halse, was ich zu ihnen sagen will. Ich klettere wieder hinein in die Laube, nehme zwei Rosen aus der Vase und laufe mit ihnen auf den Markt. Die Jungens sind ganz still, als ich zu ihnen komme. Sie stecken die Hände in die Hosen.

»Willst du eine Rose haben?«, frage ich den größten von ihnen. »Ich auch, ich auch«, schreien die anderen. Ich habe aber nur zwei Rosen. Da prügeln sie sich darum. Da sind aber alle Blätter abgefallen von den Rosen und sie werfen sie fort. Das finde ich nicht schön. Ich will zurückgehen, da sagt der größte Junge: »Ich heiße Erich. Komm mit. Wir gehen an den See.«

Wenn so ein großer Junge sagt: Komm mit, so kann man nicht anders, so muss man mitgehen. Wir laufen zusammen die Straße entlang, die ich schon kenne, an Onkel Doktors Haus vorbei. Ich weiß jetzt auch schon, dass er gar nicht Frosch, sondern Frasch heißt. Ich kann schneller laufen als die Jungens. Es dauert gar nicht lange, da sind wir an der alten Mauer, wo ich mit Maruschka immer Blümchen gepflückt habe.

»Kannst du klettern?«, fragt mich ein Junge.

»Ja«, sage ich und bin schon oben auf der Mauer.

Kleidchen hat ein Loch und ist schmutzig, Knie ist blutig. Es tut aber nicht weh.

Den Jungens gefällt es, dass ich so schnell heraufgeklettert bin. Sie sind nun auch oben. Steine bröckeln, Sand rieselt und fällt. Wir bewerfen uns mit Erde, mit Grasbüscheln, wir laufen hin und her, reißen Äste von den Bäumen, die über der Mauer hängen, und hauen uns damit. Lachen, brüllen, toben, dass die Leute, die unten auf der Promenade vorbeigehen, stehen bleiben und heraufrufen: »Macht doch nicht solchen Lärm!«

Endlich werden wir müde. Mit dem blutigen Knie komme ich schwer wieder herunter. Da dreht mir

Erich, der schon unten steht, seinen Rücken zu und sagt: »Steig mir nur auf den Buckel, dann geht's.« Er macht sich ganz krumm, ich steige auf seinen Rücken. Da nimmt er meine Beine, zieht sie unter seinen Armen durch und trägt mich Huckepack.

Ich sehe, wie die anderen Jungens sich gegen die Mauer stellen. Als Erich das sieht, lässt er mich herunter und stellt sich neben sie. Sie holen etwas aus ihren Hosen heraus. Ich passe genau auf, was sie machen. Wundere mich sehr. Das habe ich noch nie gesehen. Sie spritzen Wasserstrahlen gegen die Mauer. Der Erich schreit: »Wer am höchsten kann!«

Mit einem Mal verstehe ich. Es wird mir ganz heiß. Ich will doch mittun, mich nicht lumpen lassen. Macht man das so, wenn man mit Jungens zusammen ist? Ich stelle mich neben sie, schnell, in Reih' und Glied, knöpfe Klappe ab, strecke Bauch vor, drücke, drücke … Es kommt auch etwas, aber es läuft an den Beinen entlang. Es spritzt nicht. Ich recke mich noch mehr vor, platze beinahe vor Anstrengung. Die Jungens fangen an zu lachen. Sie machen ihre Hosen wieder zu, schaben Rübchen[1] nach mir.

»Du kannst das doch nicht, du bist doch ein Mädchen«, sagt Erich. Da lachen sie noch mehr. Sehen an meinen nassen Beinen herunter, laufen davon. Lassen mich allein an der Mauer. Ich bekomme die Hosen nicht wieder zu, weil sie so nass sind.

Ich kann also nicht so hoch, weil ich ein Mädchen bin. Sie aber können so hoch, weil sie Jungens sind.

Das ist eine merkwürdige Entdeckung.

Tante Helene wird nun sicher wieder schreien wegen der nassen Hose. Ich laufe durch das offene Tor in der Mauer an den See. Er ist gleich hinter der Promenade, wir haben ihn nur über der Mauer vergessen. Auf einer kleinen Brücke kniet ein großes Mädchen und wäscht. Ich ziehe die Hose aus und tauche sie auch ins Wasser.

»Was tust du denn da?«, fragt das Mädchen.

»Sie soll nass sein«, antwortete ich.

»Warum denn?«

Darauf weiß ich nichts zu sagen. Da lacht sie. »Wohin gehörst du denn?« – – »Zu meiner Großmama.«

Sie nimmt die Hose, reibt sie, wäscht sie und drückt sie fest aus. Dann nimmt sie mich an der Hand und geht mit mir die Straße wieder hinauf. In der anderen Hand hat sie ihren Korb mit der Wäsche. Die Hose liegt oben auf.

Ein Herr kommt uns entgegen. Ich mache einen schönen Knicks. »Das ist doch das Gretchen von Roloffs«, sagt er. »Ich heiße Gretchen Beutler und bin viereinhalb Jahre alt«, sage ich. »Ach so«, sagt das Mädchen. Sie bringt mich richtig in unser Haus an dem Markt. Die Hose gibt sie Tante Helene.

»Warum ist sie nass?«

Das Mädchen sagt: »Gretchen ist mit mir an den See gegangen, hat Kleidchen aufgehoben, Schuhe und Strümpfe ausgezogen, ist ein bisschen ins Wasser gegangen, da ist die Hose eingetaucht.« Ich will dazwischen sprechen: »Nein, es war nicht so, ich bin mit den Jungens …« Aber die Worte sitzen wieder fest.

Das Mädchen bekommt ein Stück Kuchen, ich bekomme keins.

In der Stube reden sie dann alle durcheinander mit mir. Man darf doch nicht an den See gehen. Man darf nicht mit fremden Leuten gehen, man darf nicht Schuhe und Strümpfe ausziehen. Man darf nicht ins Wasser gehen, das besonders nicht, wenn, dann kommt ein großer Fisch, und dann wird man verschluckt. Dann ist man weg. Und das schöne weiße Kleid! Wie sieht es nur aus!

Es wird mir zu bunt. Ich fange an zu weinen. »Ich bin gar nicht mit dem Mädchen an den See gegangen, ich habe ja gar nicht Schuhe und Strümpfe ausgezogen, das war ganz anders …«

»Was!«, schreit Tante Helene. »Nun willst du auch noch lügen?« Großmama nimmt mich auf den Schoß, wehrt Tante Helene ab. »Man kann doch nicht mit Schuhen und Strümpfen ins Wasser gehen, du musst sie doch ausgezogen haben.«

»Nein, ich habe sie nicht ausgezogen.«

Da lässt mich Großmama vom Schoß herunter und sagt: »Kinder, die lügen, kann ich nicht leiden.«

Tante Helene reißt mir das weiße Kleid herunter und zieht mir eine hässliche schwarze Ärmelschürze über. Dann führt sie mich auf den Hof: »Ein Kind, das lügt, bekommt Entenfüße und muss bei den Hühnern bleiben.«

Ich sehe meine Füße an. Noch merkt man nichts von Entenfüßen. Ich warte eine Weile. Als man mich nicht wieder holt, gehe ich auf dem Hof spazieren.

Ich muss immer an die Jungens denken, und daran, wie ich Großmama das beibringen kann, was ich mit ihnen erlebt habe.

Aus dem Pferdestall kommt Heinrich, der Knecht. Er lässt mich öfter reiten, denn nun fürchte ich mich doch gar nicht mehr vor den Pferden. Er reißt auch den Pferden Haare aus den Schwänzen und macht mir Ketten davon. Jetzt geht er quer über den Hof. Ich gehe ihm nach. Er stellt sich hinter eine Wand. Und da macht er es genauso wie die Jungens. Holt einen langen Zipfel aus seiner Hose. Als er mich sieht, lacht er, schwenkt den Zipfel, der abscheulich aussieht, gegen mich hin und sagt: »Put, put, Hüneken!« Das gefällt mir gar nicht. Ich gehe deshalb auf den hinteren Hof, dahin, wo die Hühner sind. Ich glaube nicht, dass ich Entenfüße bekomme, weil ich doch gar nicht gelogen habe. Aber etwas glaube ich jetzt sicher zu wissen: Alle Leute, die Hosen anhaben, haben einen Zipfel, alle, die Röcke anhaben, haben keinen.

Auf dem großen Strohhaufen erhebt sich wildes Geschrei. Ein schwarzes Huhn läuft immer im Kreise herum, stößt mit dem Kopf nach vorn und macht dazu: Peck ök … a … a … ök … ök … a … a … Alle die anderen schreien mit.

Ich denke, sie werden sich zanken, und ich will aufpassen, ob nicht etwa wieder der Hahn eine Henne am Ohr zieht. Da kommt das schwarze Huhn ganz nahe zu mir hin und lässt etwas fallen. Dann läuft es schreiend davon. Ich sehe, was da liegt, und da ist es ein richtiges Ei, ein solches Ei, wie mir Großmama immer zum Frühstück gibt. Ich will aber das nicht essen, was die Hühner machen. Mir ist im Mund so sonderbar.

Aus dem Kuhstall kommt Mine. Sie stellt ihren Milcheimer auf die Bank und sagt:

»Ei ei, dat Huhn, dat lejt een Ei,
Warum lejt es dann nich jleich zwei?«

Sie nimmt das Ei auf, will es mir in die Hand geben. Aber ich mag es nicht anfassen. Pfui, was das Huhn gemacht hat!

Ich habe Durst. Mine gibt mir Milch aus einem kleinen Topf, der an der Stalltür an einer Kette hängt. Die lauwarme Milch fließt weich durch den Hals und nimmt das hässliche Gefühl fort, was da vorhin gewesen ist.

Da sind nun auf einen kleinen Sommertag drei wichtige Entdeckungen zusammengedrängt. Entdeckt wurden: die Straße, die Lüge und das Hühnerei.

Außerdem aber wurde eine beklemmende Erkenntnis gewonnen, die Erkenntnis nämlich, dass es Dinge in der Welt gibt, die man auch beim besten Willen nicht fertig bringt. Es gibt uralte Mauern, vor denen kleine Mädchen sich ratlos und verwirrt mit nassen Hosen den Bauch vergeblich verrenken.

---

[1] die Schadenfreude ausdrücken, indem man den Zeigefinger der linken Hand mit der rechten so streicht, als würde man eine Rübe schaben

Pluto, der Krebs

Es ist eine neue Tante gekommen, sie heißt Margot.

Sie ist die Schwester von Tante Helene und von Onkel Paul. Alle drei sagen *Mama* zu Großmama, die ihre Mutter ist. Tante Margot kneift niemals die Augen zusammen.

Sie schläft in demselben Zimmer wie ich.

Wenn sie mich wäscht, so singt sie immer. Ich versuche auch zu singen, aber ich habe einen Brummbass, sagt Tante Margot:

… da tranken neunzig Schneider,

Neun mal neunzig Schneider

Aus einem Fingerhut … haha!

Aus einem Fingerhut …

Ich werde es aber schon noch lernen zu singen wie sie. Sie will mit mir üben.

Sie wäscht mir auch die Fußsohlen morgens und abends und reibt mich mit Franzbranntwein ab. Die Fußsohlen nehmen es übel, wenn sie vergessen werden.

Morgens darf ich zu ihr in ihr großes Bett kommen. Sie hat so gern, wenn man sie krabbelt. Ich krabble sie überall, auf dem Rücken, auf dem Bauch, an den Armen, an den Beinen, am Kopf. Dazu sage ich:

Kribble krabble kraus,

Ich bin die kleine Maus,

Ich krabble in dein Haus.

Und dann lachen wir beide und freuen uns sehr.

Tante Margot geht viel mit mir spazieren. Da erzählt sie mir von der Stadt, aus der sie gekommen ist. Sie heißt Kammin und liegt am Meer. Da hat sie Englisch und Französisch gelernt und war mit vielen jungen Mädchen zusammen. Sie selber ist auch ein junges Mädchen.

Ich habe sie lieber als Großmama. Beinahe so lieb wie Hektor. Wenn Hektor mit uns beiden ausgeht, so trägt er jetzt immer etwas im Maul. Entweder ein Körbchen oder einen Schirm oder ein Paket. Das tut er Tante Margot zuliebe.

Eines Tages gehen wir zusammen am See entlang, bis wir zu einem kleinen Haus kommen, das an einer Brücke mitten im Wasser hängt. Das ist ein Badehaus. Großvater hat es einmal gebaut, es ist das einzige Badehaus am ganzen See. Überall um dieses Haus und seine Brücke herum wächst ganz hohes Gras. Das heißt Schilf. Es ist so hart, dass man sich die Finger damit blutig reißen kann, deshalb muss man es mit einem kleinen Messer abschneiden. Tante Margot schneidet einen Arm voll davon ab. Dann setzen wir uns auf eine kleine Bank auf der Brücke, die ganz schief ist, und sie flicht ein Körbchen daraus mit einem langen Henkel, an dem man es tragen kann. Das schöne Körbchen ist für mich. Wir wollen Blümchen hinein pflücken. Aber nicht nur gelbe. Man muss auch blaue und weiße pflücken, denn sonst sind die ja traurig und meinen, man mag sie nicht. Das Körbchen wird aber erst recht hübsch aussehen, wenn es ganz bunt ist vor lauter Blumen. Man muss alle Blümchen liebhaben, weil sie zu weiter gar nichts da sind, als dass man sie liebhat. Wenn man sie nicht liebhat, so sterben sie.

Als das Körbchen fertig ist, schließt Tante Margot mit einem großen Schlüssel die Türe von dem Badehaus auf. Hektor muss draußen auf der Brücke bleiben.

Ach, was ist das für ein sonderbares Haus!

Es sind zwei ganz kleine Stuben darin. Aus jeder Stube führt eine kleine Treppe ins Wasser, das mitten in dem Haus ist. Oben im Dach ist ein großes Fenster, durch das scheint die Sonne hinein, mitten auf das Wasser. In jeder Stube steht eine Bank. Ein Spiegel hängt an der Wand, und ein kleiner Kasten ist noch da mit einer Schublade. Sonst nichts.

Und nun wollen wir in dem Wasser baden.

Als Tante Margot mich auszieht, sehe ich, wie sich auf der kleinen Treppe etwas bewegt. Ein Tier. Das Wasser geht gerade noch darüber. »Das ist ja ein Krebs«, sagt Tante Margot leise, damit er es nicht hört, »den wollen wir uns fangen!«

Das ist nun sehr aufregend.

Sie nimmt ein Handtuch und legt sich auf den Boden. Ich lege mich neben sie. Auf einmal, ganz schnell, packt sie den Krebs mit dem Handtuch. Und hat ihn. Er klappert laut mit seinem Schwanz. Das heißt: Ich will nicht. Er wird aber festgehalten.

Wir setzen ihn auf den Holzboden. Da will er rück-wärts wieder ins Wasser zurücklaufen. Wir drehen ihn aber immer wieder um. Wir liegen beide lang auf der Erde, und der Krebs spielt mit uns Greifen. Am Mund hat er zwei lange schwarze Fäden, die heißen Fühler. Mit denen wackelt er hin und her. Wenn man ihn anfasst, so klappert er jedes Mal. Sein Schwanz ist aber ganz anders als Hektors Schwanz. Er hat gar keine Haare. Statt der Hände hat er zwei Pfoten. Die kann er auf und zu machen. Das sind Scheren. Damit kann er kneifen. Unter dem Bauch hat er lauter kleine Füße. Ich möchte mich doch so gern von ihm kneifen lassen. Ich verspreche Tante Margot, dass ich nicht schreien will, wenn es wehtut. Darauf stecke ich ihm den Daumen in die Schere. Da kneift er wirklich. Es tut aber gar nicht sehr weh. Er sagt: »Guten Tag, Gretchen!« Ich sage: »Guten Tag, Krebs. Wie geht es dir?« Da wackelt er mit den Fühlern und lacht. Nun soll er aber wieder loslassen. Das will er aber nicht. Er hält ganz furchtbar fest. Es tut auch schon ein bisschen weh. Aber das macht nichts. Man muss ihn ins Wasser stecken und dann auf den Boden klopfen. Und dann muss man nicht daran denken, dann tut es bestimmt nicht weh.

Wir wollen den Krebs mit nach Hause nehmen und ihm zu essen geben.

Aber wie soll er denn heißen? Er muss doch einen Namen haben, damit man ihn rufen kann. »Männe«, sage ich. »Nein«, sagt Tante Margot, »das gibt ja eine Verwechslung. Es muss ein Name sein, den niemand sonst hat.«

Sie meint, Pluto ist ein schöner und richtiger Name für ihn, weil er doch so schwarz ist. Wir sagen ihm also, dass er nun Pluto heißt. Dann binden wir ihn in ein Handtuch, aber so, dass er Luft hat. Und dann kommt er in die große Badetasche, die wir an die Wand hängen. Da kann er nicht herauslaufen.

Ich kann aber an gar nichts anderes denken als an ihn.

Er hat mir die Hand gegeben und gesagt: Wir wollen zusammen spielen. Hat Tante Margot das auch gehört? Sie sagt, sie hat es genau gehört.

Wir sind jetzt beide ganz nackedei. O, so ganz nackedei. Tante Margot nimmt mich auf den Arm. Es ist so schön weich und warm bei ihr. Es riecht auch bei ihr so gut wie nach lauter Blümchen.

Wir gehen die Treppe hinunter ins Wasser. Das ist zuerst so kalt, dass man einen Schreck bekommt und es anfängt zu klopfen über dem Bauch. Aber das dauert nicht lange. Dann ist es ganz wunderschön. Ich habe die Arme um Tante Margots Hals geschlungen, und die tanzt und pustet und springt mit mir herum. Jedes Mal, wenn wir von einem Ende des Wassers bis zum anderen gekommen sind, dann gebe ich ihr drei dicke nasse Küsse, einen auf jede Backe und einen mitten auf den Mund.

Mit einem Mal hören wir etwas und denken, es ist ein Mensch, der da kommt. Und dabei ist es Hektor. Er ist von der Brücke gesprungen und schwimmt unter dem Haus durch zu uns hin. Tante Margot sagt, er glaubt sicher, dass es uns nicht gut geht im Wasser. Er hat Angst um uns. Und es geht uns doch so sehr gut. Aber weil er Angst um uns gehabt hat, deshalb wollen wir ihn nicht schelten, weil er nicht gehorsam war und draußen liegen geblieben ist.

Wir können sowieso nicht länger im Wasser bleiben. Sonst bekommen wir blaue Lippen. Nein, blaue Lippen möchte ich nicht haben. Die müssen nicht schön sein. Außerdem wartet doch auch Pluto auf uns. Er sagt gewiss: Wo bleibt denn das Gretchen?

Wir müssen ihm auch noch Nesseln pflücken am Wiesenrand. Die will mir Tante Margot zeigen.

Als wir wieder in der kleinen Stube auf der Bank sitzen, reibt Tante Margot mich mit einem harten Tuch ganz schnell ab. Aus einer kleinen Flasche gießt sie mir dann etwas in ein Gläschen. Das will Großmama so haben. Das ist alter Portwein, der wieder warm macht. Sie zieht mich schnell an. Dann bekomme ich meine Schinkensemmel. So. Nun immer ein Stückchen, und wieder ein Schlückchen! Das gefällt mir sehr gut. Ich wiederhole es. Hektor bekommt kein Badetuch. Er leckt sich einfach ab, bis er trocken ist. Aber er stinkt, wenn er nass ist. Deshalb gehe ich nicht nahe zu ihm.

Ich sitze auf dem Bänkchen und sehe, wie Tante Margot ihr schönes schwarzes Haar aufmacht und wieder an den Kopf steckt. Ich esse ein Stückchen und nehme ein Schlückchen. Da kommen lauter kleine Fischchen im Wasser angeschwommen. Sie machen den Mund auf und sagen: Auch ein *Biss-chen* fürs *Fisch-chen*!

Ein ganz großer schwimmt die Treppe hinauf. Der ruft: Einen Happen zum Schnappen! Tante Margot hat es auch gehört. Ich werfe ihnen das Weiche aus meiner Semmel hinein. Sie sehen es gleich und holen es sich.

Einer kommt unter den Holzbrettern heran und schreit: Na, und ich? Ich etwa nich?

Tante Margot sagt aber, das ist ein dummer Fisch. Weil es *nicht* heißt, und nicht *nich*.

Wenn es ein so dummer Fisch ist, dann soll er auch nichts bekommen. Tante Margot sagt, das ist nicht richtig. Man muss ihm sagen, wie es heißt. Da ist er aber schon wieder fortgeschwommen.

Man kann die Fischchen auch fangen. Aber es tut ihnen weh. Deshalb wollen wir es lieber nicht tun. Damit sie sich freuen und uns liebbehalten.

Als ich aufgegessen habe und die Zunge in das Gläschen gesteckt habe, weil der alte Portwein so gut und so süß ist, dass man noch mehr davon möchte, bleibt die Zunge in dem Glas kleben und will nicht wieder heraus. Du musst es drehen, sagt Tante Margot. Ich drehe es, und da ist sie wieder draußen. Nun nehmen wir Pluto aus der Tasche. Ich darf ihn halten. Ganz ohne Tuch. Ich habe keine Angst vor ihm. Ich fasse ihn um den Bauch, da kann er nicht kneifen, denn er kann ja seine Scheren nicht umbiegen, wie wir unsere Finger umbiegen können. Man darf nur keinen Schreck bekommen und ihn fallen lassen. Ich sage zu ihm: »Du musst jetzt stillhalten, Pluto, jetzt wollen wir dir Nesseln suchen!« »Na ja«, antwortet er, »das tut nur!« Und er rollt seine Knopfaugen hin und her. Wir knüpfen ihn in Tante Margots Taschentuch. Ich lege ihn in mein Schilfkörbchen.

Das Badehaus schließen wir wieder fest zu. Weil es uns doch ganz allein gehört, weil fremde Leute nichts darin zu suchen haben.

Am Ufer sehen wir einen Kahn, der heißt Piddlepong.

»Piddlepong«, sagt Tante Margot zu ihm, »willst du uns wohl herüber ans andere Ufer tragen?«

»Jawohl«, sagt Piddlepong, »hakt mir nur meine Beine ein, damit ich laufen kann.«

Wir haken ihm die zwei Stangen ein, die seine Beine sind. Tante Margot sagt, man muss sie immer nur ein bisschen im Wasser drehen, damit er doch weiß, wohin er laufen soll.

Hektor ist jetzt ganz trocken. Pluto sitzt auf meinem Schoß. Er streckt seine Fühler aus dem Taschentuch. Weil er neugierig ist und doch sehen will, wohin es geht.

Piddlepong läuft über den See. Lauter kleine Wellen laufen ihm nach, spielen Greifen mit ihm.

»Ich seh' doch was, was du nicht siehst«, sagt Tante Margot und dreht die Beine von Piddlepong.

Au ja, das wollen wir spielen.

»Wie sieht es denn aus?«, frage ich.

»Es ist klein und wuschelig, hat zwei Beine, zwei Arme und einen Kopf.«

»Das ist Pluto.«

»Aber nein, das hast du nicht richtig geraten. Pluto ist doch nicht wuschelig, sondern ganz glatt. Er hat doch auch nicht zwei, sondern viel mehr Beine, und keine Hände, sondern Scheren.«

»Dann weiß ich es nicht.«

»Das bist du!«

»Haha, das bin ich! Nun komme ich aber dran. Ich sehe doch auch etwas, was du nicht siehst!«

»Wie sieht es dann aus?«

»Wie eine große Butterblume. Aber es riecht nicht so.«

»Was kann denn das sein? Wie eine große Butterblume … Das kann ich nicht raten.«

»Haha, das ist die Sonne.«

»Ei«, sagt Tante Margot, »Das war aber ein hübsches Rätsel. Dafür darfst du noch einmal.«

»Ich seh' etwas, was du nicht siehst.«

»Wie sieht es denn aus?«

»Ach, es hat auch zwei Arme, zwei Beine und einen Kopf. Und es hopst.«

»Was kann denn das nur wieder sein?«

Ich bin etwas atemlos, kann es kaum erwarten. »Das ist Onkel Jobst.«

Tante Margot sieht mich an. »Der arme Onkel Jobst hat ein krankes Bein. Aber den kannst du doch nicht sehen. Er ist doch nicht da.«

»Wenn ich die Augen zumache, dann sehe ich ihn ganz genau.«

»Ja, aber doch nicht richtig, nur in der Phantasie. Und bei dem Spiel muss man es richtig sehen, damit der andere es raten kann.«

Piddlepong ist jetzt an die kleine Brücke gelaufen, wo mir das große Mädchen die Hosen ausgewaschen hat. Jetzt ist niemand da. Die Mädchen gehen immer erst am Nachmittag an den See, um die Wäsche zu waschen.

Wir steigen aus und binden Piddlepong an. Danke, sagen wir, schrauben ihm die Beine ab und legen sie ihm auf die Knie. Auf der Wiese pflücken wir viele bunte Blümchen, die legen wir um Pluto herum in das Schilfkörbchen. Jetzt weiß ich auch, was Nesseln sind. Man muss sie ganz unten anfassen am Stil, sonst stechen sie mit den Haaren, die sie auf den Blättern haben. Das juckt. Weh tut es nicht. Mein Magen sagt:

»Gretchen, ich habe Hunger. Ich möchte mittagessen«.

Als wir durch das Tor in der alten Mauer nach Hause gehen wollen, ist plötzlich Hektor da. Er sieht uns aber gar nicht. Er steht auf einem anderen Hund und stößt ihn immerfort. Es ist an derselben Stelle, wo die Jungens gestanden haben.

»Komm, komm«, sagt Tante Margot, »sonst bekommen wir nichts mehr zu essen.«

»Aber nein, ich muss doch zu Hektor gehen, ich muss doch sehen, was er da macht. Und warum der das macht. Warum stößt er den anderen Hund?«

Tante Margot hält mich fest an der Hand.

»Wir dürfen ihn nicht stören«, sagt sie, »der andere Hund ist sein Freund. Dem tut etwas weh im Bauch, und da hilft er ihm, wie Onkel Doktor Frasch uns hilft, wenn uns etwas wehtut.«

»Ach so ist das. Da will ich ihn nicht stören.«

Seinen Freunden muss man natürlich helfen. Ich habe auch einen Freund, der heißt Erich.

Wir gehen ohne Hektor nach Hause. Tante Helene schilt, weil wir so spät kommen.

Pluto bekommt eine tiefe Schüssel mit Wasser. In die legen wir die Brennnesseln hinein, damit er ein Bettchen hat. Auch ein kleines Stück Fleisch bekommt er. Dann decken wir die Schüssel zu, denn er ist müde vom Kahnfahren und will nun schlafen.

»Gute Nacht, Pluto!« ——

Ich habe die kleine Tante Margot ebenso lieb wie Hektor.

Wie viel Klafter tief?

Pluto ist ausgekniffen. Eines Tages war er nicht mehr da. Da haben wir das Wasser fortgeschüttet. Er ist gewiss wieder in den See zurückgelaufen, weil es ihm da besser gefällt als in der kleinen Schüssel.

Pluto ist ein lebendiger Krebs.

Es gibt auch rote Krebse. Die können sich nicht bewegen. Die isst man zum Abendbrot. Sie schmecken sehr gut. Onkel Paul isst nur die Schwänze. Mir gibt er die Scheren. Tante Margot schält sie mit einem Krebsmesser. Wenn ich alle aufgegessen habe, so wischt sie mir die Hände ab mit einer Krebsserviette. Auf der Krebsserviette ist in jeder Ecke ein roter Krebs gemalt. Wozu das so ist, weiß Großmama auch nicht. Man muss nicht immer fragen: Wozu? Tante Margot glaubt, dass das so ist, weil es schön ist.

Großvater hat zum Abendbrot fünfzig Krebse gegessen. Ich kenne Großvater jetzt schon ganz genau. Er sitzt auf einem runden Bild und hat ein Gewehr in der Hand. Neben ihm setzt ein Hund. Der heißt Karo und ist der Großvater von Hektor.

In der Stube, in der wir essen, hängen viele Geweihe. Die hat Großvater alle den Hirschen und Rehen abgenommen, die er geschossen hat. Draußen im Flur hängen zwei lange spitze Hörner. Das sind die Hörner von einem sehr großen Tier. Die hat Bismarck Großvater geschenkt. Bismarck ist der Onkel von Onkel Jobst. Onkel Jobst ist der lustigste Onkel, den es gibt. Er nennt mich immer Suse. Er sagt, ich sehe so aus, als ob ich Suse heiße. Wenn ich böse werde, so lacht er.

Wenn ich ihn haue, so weint er. Wenn ich ihn liebhabe, so kitzelt er mich und kneift mich in die Beine. Er sagt, auf mir kann man Nüsse knacken, so fest bin ich.

Ich habe jetzt eine Schiefertafel bekommen und viele silberne Griffel. Bei Tante Margot soll ich lesen und schreiben lernen. Im nächsten Jahr muss ich nämlich zur Schule gehen wie andere kleine Mädchen auch. Ich freue mich schon darauf. Ich möchte mehr können und wissen als alle die anderen Kinder in der Schule. Es soll mich niemand mehr auslachen, wie es die Jungens getan haben. Ich möchte Tante Margot ganz gern die Sache mit den Jungens erzählen, aber ich weiß nicht recht, wie ich es sagen soll.

Rechnen ist leicht. Schreiben ist schwer. Ich rechne schon besser als Tante Margot. Sie sagt: drei und drei sind sieben. Und ich weiß doch, es sind sechs. Und wenn man von den sechs wieder drei fortnimmt, hat man drei. Und nicht vier, wie sie sagt. Wir lachen viel, wenn wir rechnen. Aber beim Schreiben wollen die Finger es immer nicht so machen, wie man es selber machen möchte. Die Finger sind manchmal viel dümmer, als man selber ist.

Die Blätter in der Laube sind jetzt ganz rot. Das ist immer so, wenn es Herbst wird. Es wird jedes Jahr Herbst. Wenn der Wind kommt, so müssen die Blätter tanzen, wie er pfeift. Er dreht sie um und um und weht sie über den Markt zu Bäcker Schenck und zu Kaufmann Klütz und zu Uhrmacher Matthies. Man kann in ihnen herumsteigen, dann rascheln sie. Ich raschle mit den Jungens um die Wette. Sie dürfen auch nicht mehr Rübchen schaben, Erich hat es verboten.

Erich sagt, er weiß ein Geheimnis. Das will er mir einmal zeigen. Ich bin sehr neugierig, was das sein kann.

An unserem Hause hängen Weintrauben. Blaue und weiße. Man kann sie aus den Fenstern greifen. Aber Tante Helene darf das nicht sehen. Als es schon ein bisschen dunkel wird, kommt Erich und stellt sich in den Torweg. Ich laufe die Treppe hinauf und reiße ihm ein paar schöne Trauben ab. Ich falle dabei beinahe aus dem Fenster. Er fängt sie in seiner Jacke auf.

Tante Helene darf jetzt gar nicht mehr Po'chen hauen. Tante Margot sagt, das ist unnötig und ungesund. Das finde ich auch. Ich bin ein wildes, aber ein gutes Kind. Man muss mich nur beschäftigen, damit ich nicht auf dumme Gedanken komme. Deshalb sollte ich in eine Strickschule gehen.

Guste, die das Kleidchen getrampelt hat, hat eine Mutter. Die heißt Frau Reiche. Bei der lernen kleine Mädchen das Stricken.

Tante Margot bringt mich zu Frau Reiche. Hinter uns geht Minna und trägt mein Stühlchen. Alle kleinen Mädchen müssen ihr Stühlchen mitbringen, weil Frau Reiche sehr arm ist und nicht so viele Stühlchen hat. Neben uns geht Hektor und trägt im Maul mein Körbchen mit den Stricknadeln und dem großen grauen Wollknäuel.

Frau Reiche wohnt in einem Zimmer, in dem viele rote Blumen am Fenster stehen. Die riechen aber gar nicht gut. Tante Margot geht fort. Mein Stühlchen wird neben die Tür gesetzt, weil ich doch das jüngste von den Mädchen bin. Wenn ich erst stricken kann, dann darf mein Stühlchen auch weiter vorn stehen.

Ich möchte Frau Reiche etwas fragen. Sie sagt aber, ich bin in einer Strickschule, wo man nicht sprechen darf. Also wie in der Kirche. Das ist nicht schön.

Es zeigt sich auch bald, dass das Stricken eine schwierige Sache ist. Zuerst muss man den grauen Wollfaden um die Finger wickeln und aufpassen, dass er nicht wieder herunterrutscht. Dann muss man ihn mit der Nadel aufspießen, die den Faden doch gar nicht haben will, weil ja Frau Reiche schon lauter Maschen auf sie gesetzt hat. Und dann soll man den ganzen Faden auch zu solchen Maschen machen, indem man immer durch die anderen Maschen durchzieht. Der Faden will aber gar nicht zu Maschen werden, weil er doch nicht weiß, wozu. Ich weiß es auch nicht. Frau Reiche sagt, ich bin sehr ungeschickt. Ich lasse die Maschen fallen. Das ist aber nicht richtig, ich lasse sie nicht fallen, sondern sie wollen nicht auf der Nadel sitzen. Als sie wieder einmal heruntergerutscht sind von der Nadel, da ziehe ich bloß so ein bisschen an dem Faden. Da lachen die Maschen und werden alle wieder zu Faden. Keine einzige ist mehr da. Ich lache auch und rufe: »Nu' sieh doch bloß, Frau Reiche. Deine ganzen Maschen sind wieder Faden geworden.«

Die Mädchen sehen mich komisch an. Die eine hat den Mund ganz weit offen. Frau Reiche lacht aber gar nicht, sondern holt hinter ihrem Spiegel eine Rute hervor. Damit klopft sie mir auf die Finger. Es tut weiter nicht weh, aber ich finde es nicht recht von ihr, vor den Mädchen. Dann setzt sie mir lauter neue Maschen auf die Nadeln. Nun sind aber die Maschen böse auf Frau Reiche und wollen erst recht keinen Faden mehr stricken.

Ich bin froh, als diese erste Strickstunde ein Ende hat. Stühlchen bleibt bei Frau Reiche. Sie sagt: »Das nächste Mal musst du besser aufpassen. Sonst bekommst du keinen Mann.« Ich will doch aber gar keinen Mann. Ein Mädchen, das Emma heißt, soll mich nach Hause bringen.

Als wir die Haustür aufmachen, da liegt Hektor da auf der Schwelle. Springt auf. Leckt Hand und Backe. Freut sich. Nimmt Körbchen wieder ins Maul. Geht zwischen mir und Emma. Wedelt und lacht. Emma holt mich am Mittwoch wieder zur Strickstunde ab. Das ist nach drei Tagen. Hektor bleibt wieder vor der Haustür liegen. Frau Reiche sagt: »Heute messe ich dir einen Klafter ab, den musst du aufstricken.« Sie tut ihre dicken Arme weit auseinander und misst an dem Wollfaden von einer Hand bis zur anderen. Das ist ein Klafter. Wo er aufhört, da macht sie eine kleine Schleife. Als Merkzeichen.

Die Blumen stinken fürchterlich. Die Fliegen summen. Die Maschen wollen wieder nicht auf den Nadeln bleiben. Sie haben die Rute noch nicht vergessen. Die kleine Schleife, die das Merkzeichen ist, rückt gar nicht näher. So oft man auch nachsieht, sie ist immer gleich weit von den Nadeln entfernt. Die Mädchen singen. Singen dürfen sie. Wie in der Kirche. Es hört sich aber gar nicht schön an. Endlich wird mir die Geschichte doch gar zu langweilig. Ich fange an, so ein ganz klein bisschen bloß, an dem Faden zu ziehen, da ist das Merkzeichen verschwunden. Ist nicht mehr da. Ich möchte es weiter nach vorn setzen, bekomme aber die Schleife nicht fertig. Darum sage ich: »Frau Reiche, deine Schleife ist schon weg.« »Hast du sie aufgestrickt?«, fragt Frau Reiche. »Ja«, sage ich, weil ich sie doch wirklich aufgemacht habe. Frau Reiche kommt ganz nahe und sieht nach. Ihre Glasaugen sind ganz groß und böse, wie bei dem Hasen. Sie holt die Rute. Diesmal tut es weh. »Du hast ja gelogen«, sagt sie. Die Mädchen sehen aus, als ob sie Angst haben. Zur Strafe muss ich nun zwei Klafter stricken.

Ich kann Frau Reiche nicht leiden. Sie hat eine dicke Nase und ihr Bauch ist wie ein Gummiball. Mit dem Bauch stößt sie, wenn sie böse ist. Nicht wie Hektor, wenn er seinem Freund helfen will. Ein Mädchen, das Klara heißt, muss hinter mir stehen bleiben und aufpassen, dass ich stricke. Die Finger tun weh, die Hände sind innen ganz nass vor Anstrengung. Über dem Bauch klopft es wieder. Das ist das Herz. Eine Masche nach der andern muss ich aus dem grauen Faden machen. Langsam kommt unter der Nadel eine graue Wurst hervor. Wenn man lange genug strickt, wird es einmal ein Staublappen.

Als die Stunde zu Ende ist, dürfen alle Mädchen gehen. Nur ich allein muss bleiben. Weil die zwei Klafter noch nicht zu Ende sind. Emma muss bei Großmama Bescheid sagen. Frau Reiche bleibt so lange neben mir, bis ich fertig bin. Sie stinkt wie ihre Blumen.

»Jetzt kannst du allein nach Hause gehen«, sagt sie endlich, »du bist groß genug. Du brauchst keine Begleitung wie eine Prinzessin.«

Ich nehme mein Körbchen und gehe. Hektor freut sich und wedelt. Nimmt Körbchen und lacht.

Wir gehen die Straße entlang. Und wer kommt uns da entgegen? Der schmutzige August! Er ist so wunderschön schwarz. Er freut sich und lacht. Bleibt stehen, gibt mir die Hand. Hektor riecht an ihm herum. Er wohnt ganz nahe, in dem kleinen weißen Haus mit dem großen roten Dach. Ich gehe mit ihm. Ich möchte doch sehen, wie sein Haus ist. Wir gehen hinein. Da hängen im Flur viele schwarze Leitern und Besen. In der Küche ist eine Frau, die ist seine Mutter. Die lacht und sagt: »Aha, das ist das Gretchen, das sich nicht vor dir gefürchtet hat.« Sie gibt mir ein Glas Milch und eine Leberwurststulle. Die Pellen von der Wurst bekommt Hektor. Die isst er doch so gern. Das Strickkörbchen steht auf dem Tisch. Dem schmutzigen August, der ihr Sohn ist, stellt sie einen großen Eimer mit heißem Wasser hin. Sie tut ihm viel Schmierseife hinein. Mir gibt sie ein kleines Schüsselchen, in dem Seifenschaum ist. Zeigt mir, wie man durch einen Strohhalm Seifenblasen pusten kann. Grüne und blaue und rote Seifenblasen, die in der Luft zerplatzen. Blubb, sagen sie. Nun sind wir zerplatzt, nun musst du wieder neue pusten. Das lerne ich sehr schnell, viel schneller als das Stricken. Man weiß doch auch wozu. Weil es nämlich schön ist!

August wäscht sich inzwischen. Er nimmt eine große Bürste und scheuert an sich herum. Zieht seine Jacke aus und sein Hemd. Nur die Hosen hat er noch an. Ich sehe ihm zu. Es ist sehr merkwürdig, was nun geschieht. Er wird nämlich ganz weiß, wie es andere

Menschen sind. Nun ist er noch viel schöner als vorher. Seine Mutter gibt ihm ein anderes Hemd und eine andere Hose. Ich gehe mit ihr hinaus, und wir hängen die alte schwarze Hose neben die Leitern im Flur. Als wir wieder in die Küche kommen, ist August sehr fein. Er sieht aus wie der Prinz im Märchen, der zuerst ein schwarzer Bär war. Märchen können wahr sein. Sie sind es aber nicht immer. August nimmt mich auf seine Schultern, seine Mutter sagt: »Hühott«, Hektor stößt ihn an mit der Schnauze und sagt: »Lass aber Gretchen nicht fallen!«

Das tut er auch nicht. Auf dem Hof stehen zwei Käfige. In dem einen sind Meerschweinchen, in dem anderen klettert ein Eichhörnchen herum. Hektor macht ganz dumme Augen, als er es sieht. Er darf es aber nicht beißen, sondern muss sich ruhig hinsetzen. Ein Eichhörnchen habe ich schon einmal gesehen, als ich mit Tante Margot im Walde war. Das hieß Hurlebusch. Dieses heißt Hans.

Die Meerschweinchen, die rote Augen haben, klettern August auf den Schultern herum und laufen mir über die Beine. Hans sitzt ihm auf dem Kopf, knabbert eine Nuss und sieht mich an. August sagt, er will mir ein Meerschweinchen schenken. Ein ganz weißes, das Lotte heißt. Da fängt es wieder in mir an zu klopfen, weil ich mich so darüber freue. Ich packe August um den Hals und gebe ihm viele dicke Küsse. Das Eichhörnchen ist vor Schreck wieder in den Käfig gesprungen. Es hat gewiss geglaubt, dass ich August etwas tun will.

Ich habe August sehr lieb. Er packt Lotte in eine Schachtel. In den Deckel macht er Löcher, damit sie Luft hat. Er sagt, sie ist ein Fräulein Meerschweinchen, weil sie ganz weiß ist. Hektor riecht immer an der Schachtel herum, als ich sie unter den Arm nehme.

Inzwischen ist es schon ganz dunkel geworden. Augusts Mutter meint, es ist höchste Zeit, dass ich nach Hause gehe. Ich möchte aber sehr gern bei August bleiben. Ich möchte mit ihm in seinem Bett schlafen. Sie sagt, das geht nicht, denn sein Bett ist viel zu klein. Da kann nur er allein drin liegen. Das tut mir sehr leid. Ich verspreche ihm aber, dass ich wiederkomme. Dann darf ich mit ihm auf ein Dach steigen und ihm Schornsteine putzen helfen.

Ich sage »Dankeschön« und gehe. Die Straße sieht aus wie der lange Schornstein in der Besenkammer. Ganz vorn ist ein schmaler Spalt zu sehen, das ist der Mond. Der Mond schluckt Sternchen, viele Sternchen, dann wird er dick und rot und rund. Dann wird gut Wetter. Wenn aber keine Sternchen da sind, die er schlucken kann, dann wird er ganz blass und ganz mager. Und dann wird schlecht Wetter. Die Menschen auf der Straße sehen ganz anders aus als bei Tag.

Aber das Strickkörbchen hat Hektor vergessen. Umkehren möchte ich nicht. Das dauert zu lange.

Großmama schilt, Tante Helene schilt, Tante Margot schilt, als ich nach Hause komme. Und weil ich doch anstatt des Körbchens das Meerschweinchen Lotte in der Schachtel habe, da fragen Sie mich so lange, bis sie alles herausgebracht haben.

Ich werde ins Bett gesteckt. Tante Margot bleibt lange bei mir sitzen. Sie hält meine Hände und sagt, man darf nicht allein zu fremden Leuten gehen, auf keinen Fall aber zu Schornsteinfegers, weil sich das nicht schickt für kleine Mädchen. Weil man da schmutzig wird. Es tut mir sehr leid, dass Tante Margot meinetwegen traurig ist. Ich habe doch nun aber dem schmutzigen August schon versprochen, dass ich wiederkommen werde, um ihm bei seinen Schornsteinen zu helfen. Und ich bin doch gar nicht schmutzig geworden. So schön wie bei Schornsteinfegers hat es mir noch nirgends gefallen.

Ich kann nicht einschlafen, denn ich muss ernsthaft darüber nachdenken, wie ich das machen soll. Soll ich Tante Margot den Gefallen tun und nicht hingehen, weil es sich nicht schickt? Oder soll ich dem schmutzigen August den Gefallen tun und ihm helfen? Wo er mir doch sogar die Lotte geschenkt hat. Ich muss ihn auch noch so vieles fragen. Besonders das mit den kleinen Kindern, was mir Großmama erzählt hat. Er muss es doch wissen. Fallen alle durch die Schornsteine? Oder bin nur ich allein vom Himmel gefallen, mitten in die Schürze von Mamsell hinein?

Ich liege noch wach, als Tante Margot wiederkommt und zu Bett geht. Aber ich rühre mich nicht. Ich tue, wie wenn ich schliefe. Ich sehe aber genau, wie sie sich wäscht, von oben bis unten, und immer wieder, und wie sie danach nackt vor dem Spiegel steht. Etwas gefällt mir heut' gar nicht an ihr: Sie hat zwischen den Beinen genauso schwarze Haare wie auf dem Kopfe.

In dieser Nacht steige ich mit dem schmutzigen August eine sehr lange Leiter hinauf. Stufe für Stufe. Bis an den Himmel. August ist ein schwarzer Bär. Er nimmt den Mond herunter und putzt ihn mit seiner Pfote. Spuckt darauf, reibt ihn ganz blank und hängt ihn wieder auf. Die Sternchen sind in der Nähe gelbe Blümchen, die man pflücken kann. August pflückt mir eine. Dann lässt er seine Bärenhaut fallen und ist ein wunderschöner silberner Prinz. Als ich das Blümchen an mein Kleid stecken will, da bekomme ich einen großen Schreck. Ich sehe, wir stehen sehr hoch. Ich frage den Prinzen August: »Wie hoch ist das?« Er antwortet: »Sieben Klafter hoch!« Da fängt die Leiter an zu wackeln.

Nun werden wir beide fallen. Aber August hat silberne Flügel. Er nimmt mich auf den Arm, und wir fliegen beide. Das kitzelt so sonderbar im Bauch. Es ist aber herrlich. »Bums«, sagt August. Und da sitzen wir mitten in seinem Meerschweinchenkäfig. Ich habe Lotte auf dem Schoß. Sie ist so weich und warm. Und auch ein ganz klein bisschen nass.

Veilchen auf dem Wall

Heidi hat zwei gelbe Zöpfe wie Maruschka. Ich habe keinen Zopf. Man muss mir das Haar immer wieder abschneiden. Weil ich wild bin wie ein Junge, sagt Tante Helene. Weil ich am Kopf schwitze, seit ich von der Schaukel gefallen bin, sagt Großmama.

Tante Margot geht mit mir zu Heidi, weil sie mit mir spielen will. Die Mutter von Heidi heißt Frau Inspektor. Sie wohnt in einem großen roten Hause. Das ist ein Zuchthaus. Wir müssen über eine Brücke gehen, um dahin zu kommen. Mitten auf der Brücke steht ein kleines lustiges Häuschen mit weißen und schwarzen Streifen. Das ist ein Schilderhaus. Davor geht ein Soldat spazieren. Er hat ein langes Gewehr über der Schulter. Tante Margot sagt zu ihm: »Rübezahl.« Da lässt er uns durch.

»Warum sagst du zu dem Soldaten Rübezahl?«

»Das ist die Parole.«

»Was ist die Parole?«

»Das ist das Wort, das man sagen muss, um durchgelassen zu werden.« Das ist sehr geheimnisvoll. Rübezahl ist doch ein großer Mann mit einem langen weißen Bart.

Wir sind an dem roten Haus angekommen. Ein Mann mit einer Mütze schließt uns eine Türe auf. Nun sind wir in dem Zuchthaus. Wir gehen eine Treppe hinauf zu Heidi und ihrer Mutter. Wir trinken Schokolade und essen Kuchen.

Heidi hat sehr viele Spielsachen. Das schönste aber ist ein großer Puppenjunge. Er hat einen Hut auf aus

Porzellan, der fest auf seinem Kopfe sitzt. Wenn er ins Bettchen gelegt wird, muss er den Hut aufbehalten. Das finde ich komisch. Heidi sagt, das macht nichts, dafür ist es eben ein Junge. Er hat Hosen an und eine Jacke mit goldenen Knöpfen. Ich möchte Heidi gern etwas fragen, aber ich will lieber warten, bis wir allein sind und uns niemand hören kann.

Als wir genug Schokolade getrunken haben, sagt Heidis Mutter: »So, nun geht und pflückt Veilchen für Tante Margot.« Sie gibt jedem von uns ein Körbchen. »Wo sind denn die Veilchen?«, frage ich. »Die sind doch auf dem Wall«, antwortet Heidi und stopft den letzten Kuchen in den Mund.

Ich weiß nicht, was das ist, ein Wall, will es aber nicht gern sagen.

»Wo ist denn der Wall?«

»Du bist aber dumm. Der Wall läuft doch um das Zuchthaus herum.« Nun bin ich sehr neugierig. Wenn der Wall um das Zuchthaus herumläuft, dann muss er wohl ein Tier sein. Ein großes Tier jedenfalls. Auf dem Tier können doch aber keine Veilchen sein. Wir fassen uns an den Händen und gehen die Treppe hinunter. »Komm«, ruft Heidi, »ich will dir die Gefangenen zeigen.« Sie geht mit mir an eine Türe, die lauter Stäbe hat. Durch die Stäbe kann man hindurchsehen auf einen sehr großen Hof. Um den Hof herum stehen andere rote Häuser. Die Fenster in ihnen sind ganz klein und haben Stäbe wie die Türe.

Auf dem Hof sind zwei runde Beete. Sie sind voller gelber Blumen. Ich weiß, wie die Blumen heißen, denn sie wachsen auch in unserem Garten. Es sind

Krokusblumen, die nur im Frühling blühen. Jetzt ist es Frühling. Um die Beete herum laufen viele Männer. Sie halten die Hände auf dem Rücken und laufen immer rundum, immer rundum. Sie haben alle dieselben grauen Kleider an.

»Was tun die Männer da?«

»Das sind doch die Gefangenen. Die gehen spazieren.«

Ich möchte nicht fortgehen von dieser Türe. Möchte diesen Männern zusehen, die da immer rundum laufen. Warum sehen sie anders aus als andere Männer? Warum haben sie alle dieselben grauen Kleider an? Warum pflücken sie keine Blumen? Warum haben sie die Hände auf dem Rücken?

Heidi wird ärgerlich. Sie stampft mit dem Fuß. Wenn ich nicht tue, was sie will, dann kann sie mich nicht mehr leiden. Dann darf ich auch nicht mehr zu ihr kommen. Sie will Veilchen pflücken.

Wir gehen zu einer anderen Türe, zu der, durch die Tante Margot mit mir gekommen ist. Der Mann mit der Mütze schließt die Türe für uns auf. Mir brennt der Hals, weil so viele dicke Fragen darin stecken.

Draußen geht noch immer der Soldat vor seinem Schilderhaus spazieren.

»Warum geht der Soldat immer hin und her?«

»Der muss doch aufpassen, dass die Gefangenen nicht auskratzen.«

»Wie, auskratzen?«

»Fortlaufen!«

Wir gehen an einer hohen Mauer entlang.

»Siehst du«, sagt Heidi, »die Mauer ist deshalb so hoch, damit die Gefangenen nicht darüberklettern können.«

Es dauert nicht lange, da ist wieder ein Soldat da vor einem Schilderhaus. Als er uns sieht, hält er uns sein Gewehr vor und sagt: »Parole!« Aber er lacht dabei.

Heidi streckt ihm die Zunge heraus und sagt zu ihm: »Du Esel!« Ich finde das sehr mutig von ihr, strecke ihm auch die Zunge heraus, rufe auch: »Du Esel!« Dann springen wir über das Gewehr. Wir laufen in das hohe Gras hinein, in dem viele Bäume stehen, die weiße und rote Hüte aufhaben. Heidi bückt sich: »Das sind schon die Veilchen!«

»Und wo ist der Wall?«

»Das ist doch hier der Wall, auf dem die Bäume stehen.«

Ich traue mich nicht zu sagen, dass ich geglaubt habe, der Wall sei ein großes Tier. Es kommt mir jetzt ja selber dumm vor. Heidi ist ja aber auch älter als ich. Sie geht schon zur Schule. »Aber der Wall läuft doch nicht, er liegt doch ganz still«, sage ich zaghaft.

Heidi wird gleich wieder böse. Wenn ihr Vater es so sagt, der Inspektor ist, und dem alle Aufseher gehorchen müssen, so ist es richtig. Man sagt, »der Wall läuft.«

Wir knien beide im Gras und pflücken die Veilchen. Sie riechen wie Seife. Wir legen sie ins Körbchen gerade so nebeneinander wie die Streichhölzer in der Schachtel. So will es Heidi haben. Sie sagt, so ist es ordentlich. Unter einem Baum finde ich ein anderes Blümchen, das ist ein Stiefmütterchen. Als ich es ins

Körbchen legen will, da sieht es mich an. Es hat ein richtiges Gesicht. Ein Mund ist da, eine Nase ist da, liebe Augen sind da. Es freut sich. Nickt und lacht. Ich nicke wieder. Und da haben alle die anderen Veilchen im Körbchen auch Gesichter. Freuen sich und nicken.

Heidi tippt sich auf die Stirn: »Du bist wohl nicht von hier. Veilchen können sich doch nicht freuen. Das sind doch bloß Blumen.

»Sie haben doch aber Gesichter und lachen!«

»Och, so was Dummes. Blumen können doch nicht lachen!«

Ich gehe wieder an meinen Baum zurück und sehe mir meine Veilchen noch einmal genau an. Ich will ja nicht, dass Heidi böse wird. Aber das weiß ich besser. Jede Blume hat ein Gesicht und kann sich freuen. Tante Margot weiß das auch. Die Veilchen im Körbchen freuen sich, dass sie zu Tante Margot kommen. Sie haben sie ebenso lieb wie ich. Ich will aber nichts mehr darüber sagen.

Als unsere Körbchen voll sind, holt Heidi aus ihrer Tasche bunte Wollfäden heraus. Jetzt müssen Sträußchen gebunden werden. Wir setzen uns unter einen großen Baum, der ein Apfelbaum ist, weil er lauter rosa Blumen auf seinem Hut hat. Wir nehmen immer eine Handvoll Veilchen, dann legen wir grüne Blätter drum, und dann wickeln wir den Faden herum. Heidi kann ihn viel besser wickeln als ich. Mir rutscht er immer herunter von den Stängeln. Aber ich kann dafür bessere Sträußchen machen. Deshalb mache ich alle Sträußchen und lege sie Heidi hin. Sie wickelt dann den Faden herum.

»Was ist eigentlich dein Vater?«, fragt sie plötzlich.

»Hauptmann«, sage ich, wie ich es von Großmama gehört habe.

»Das glaube ich nicht«, sagt Heidi.

Was soll ich darauf antworten! Mir ist es auch sehr merkwürdig vorgekommen, dass ich nur einen Vater auf dem Bilde habe und dass ich mir gar nicht denken kann, wie er in Wirklichkeit ist, weil ich ihn doch noch nie gesehen habe.

»Vielleicht ist er tot«, meint Heidi.

»Nein, tot ist er nicht, das weiß ich.«

»Am Ende bist du ein Bastard!«

Ich habe keine Ahnung, was ein Bastard ist. Aber wie Heidi das sagt, gefällt es mir gar nicht.

»Was ist ein Bastard?«

»Ein Kind, das keinen Vater hat wie Lene Rüth.«

»Nein, dann bin ich kein Bastard. Ich habe einen Vater, der Carl heißt, und eine Mutter, die Maria heißt.« Wenn Heidi einmal zu mir kommt, dann will ich ihr die Bilder zeigen. Auch das von Großvater. Auch das von Bismarck!

»Warum denn das von Bismarck?«

»Weil der auch bei uns auf dem Bilde ist!«

»Och, der ist doch überall. Der ist auch bei uns. Und der ist auch in der Schule.«

»Aber meinem Großvater hat er die großen Hörner geschenkt, die im Flur hängen. Und er ist mit Großvater und Karo auf die Jagd gegangen.«

»Wer ist Karo?«

»Das ist der Großvater von unserem Hektor.«

»Ist das auch wirklich wahr?«, fragt Heidi streng und macht Falten in ihrer Stirn.

»Ja, das ist wirklich wahr!«

»Wo ist denn dein Großvater?«

»Mein Großvater ist tot.«

»Ach so, dann war er jedenfalls schon alt. Wenn die Leute alt werden, dann sterben sie.«

»Aber Bismarck lebt.«

»Ja, der lebt, aber was hat man davon?«

Nun sind aber all die vielen dicken Fragen bei mir auf den Lippen. Man muss sie ausspucken. Wie ist das also? Die Mauer ist deshalb so hoch, damit die Gefangenen nicht herüberklettern? Und die grauen Männer sind lauter Gefangene? Warum sind sie denn gefangen? Und wie ist das, wenn sie Gefangene sind? Heidi wickelt ruhig ihre Fäden und die Sträußchen: »Die Gefangenen sind schlechte und böse Menschen. Die haben gestohlen oder gelogen oder falsches Geld gemacht. Manche haben auch Menschen umgebracht. Da haben die Aufseher sie eingefangen und eingesperrt.

»Aber dann müssen sie ja verhungern.«

»Nein, verhungern müssen sie nicht. Es wird doch für sie in einem ganz großen Kessel gekocht. Der Kessel ist so hoch, dass man mit einer Leiter heraufsteigen muss, wenn man das Essen umrühren will. Und der Löffel, mit dem umgerührt wird, ist so lang wie ein Besen und ganz aus Holz. Wenn ich einmal wiederkomme, wird Heidi mir den Kessel zeigen. Da will sie ihren Vater bitten, dass ich ihn sehen kann.

Ach ja, den möchte ich sehr gern sehen.

Sie erzählt weiter. Ich höre atemlos zu und bewundere Heidi sehr, die so viel weiß, was ich nicht weiß. Sie will mir auch einmal Balthasar zeigen. Balthasar ist eigentlich kein Gefangener, aber er lebt doch im Zuchthaus. Er hat einen langen weißen Bart wie Rübezahl und schnitzt ihr Puppenmöbel.

»Deshalb hat vielleicht Tante Margot Rübezahl gesagt. Balthasar hat einmal einen Mann umgebracht.«

»Wie denn, umgebracht?«

»Totgeschlagen!«

»Warum denn?«

»Weil er bei seiner Frau im Bett gelegen hat.«

»Tante Helene hat mich auch einmal geschlagen, weil ich mit Hektor im Bett gelegen habe.«

»Das ist doch etwas anderes!«

»Warum?«

»Weil er ihn doch erschlagen hat. Mausetot!«

»Haben ihn die Aufseher dann angefangen?«

»Ja. Er hat 15 Jahre im Zuchthaus bleiben müssen.«

Ich kann mir gar nicht denken, wie lange das ist. 15 Jahre. Ich bin doch erst fünf Jahre alt.

»Nach zwölf Jahren hat er wieder nach Hause gehen dürfen.«

»Du meinst, nach 15 Jahren.«

»Nein, nach zwölf Jahren. Weil er sich so gut gehalten hat. Und dann hat er wieder einen erschlagen.«

»Ja, warum denn?«

»Weil er wieder bei seiner Frau im Bett gelegen hat.«

»Das war doch aber derselbe Mann wie vorher?«

Heidi wird wieder ärgerlich. »Pass doch auf. Wie kann denn das derselbe Mann sein, wenn er ihn doch ganz totgeschlagen hat. Es war natürlich ein anderer.« Nun wird die Geschichte unheimlich.

»Und dann ist er wieder ins Zuchthaus gekommen. 18 Jahre also, weil er ihn mit Fleiß erschlagen hat. Es war natürlich ein anderer.«

»Mit Fleiß?«

»Ja. Und nach 15 Jahren ist er wieder nach Haus gegangen.«

»Hat er noch einen erschlagen?«

»Nein, jetzt war doch seine Frau tot, und es konnte niemand mehr bei ihr im Bett liegen. Aber es hat ihm gar nicht mehr zu Hause gefallen. Da ist er wiedergekommen und hat gebeten, dass er im Zuchthaus bleiben darf, bis er stirbt. Und nun hat er einen ganz langen weißen Bart und wird wohl bald sterben.«

»Warum denn?«

»Du fragst immer warum. Weil er alt ist.«

»Wenn nun aber doch ein Gefangener über die Mauer klettert?«

»Dann wird er totgeschossen«, sagt Heidi ruhig, wickelt die Fäden.

Ich sitze da und kann das alles nicht begreifen. Heidi packt mich am Kopf und lacht: »Hu, du machst ganz schwarze Augen.«

»Die hat doch Mamsell vergessen zu waschen.«

»Was, deine Augen?«

»Als ich durch den Schornstein gefallen bin.«

»Wann bist du denn durch den Schornstein gefallen?«

»Als ich ganz klein war und Großmama gern ein kleines Mädchen haben wollte.«

»So ein Quatsch!«, ruft Heidi entrüstet.

»Großmama hat es doch gesagt.«

»Dann lügt deine Großmama. Man hat entweder schwarze Augen oder blaue Augen wie ich.«

Ich sehe sie an. Ihre Augen sind wirklich so blau wie der Himmel, der in den Bäumen über uns hängt. Ich möchte Heidi liebhaben, ihr viele dicke Küsse geben wie Tante Margot. Sie sieht so hübsch aus, wie sie da sitzt. Und sie hat mir doch so viel erzählt. Aber ich traue mich nicht.

Die Sträußchen sind gebunden. Das Wasser unten in dem breiten Graben stinkt zu uns herauf. Enten schwimmen da herum und schreien: Bakakakakakak! Wir schreien ebenso und bewerfen sie mit ganz kleinen Steinchen, die ihnen nicht wehtun können.

Und plötzlich ist da etwas anderes zu hören, etwas ganz Schreckliches. Es schreit jemand. Wo denn nur? Über uns? In den Bäumen, auf der Mauer? Ganz furchtbar laut. Man möchte sich die Ohren zuhalten. Es wird mir ganz kalt von den Zehen herauf bis an die Augen. Ich packe Heidis Arm.

»Es schreit jemand.«

Heidi zuckt die Schultern: »Och, das ist bloß wieder der verrückte Schmied. Der schreit immer. Manchmal den ganzen Tag. Deshalb ist er ja auch in der Extrazelle. Da muss man gar nicht hinhören.«

Ihre Hand weist nach oben. Meine Augen folgen. Über der Mauer ist in einem roten Haus ein Fenster, das ist anders als die anderen. Nicht so hoch. Und da bewegt sich etwas hinter den Stäben. Es ist ein Kopf. Ich sehe es jetzt ganz genau. Der Mund in dem Kopf steht groß und schwarz offen, und der Kopf stößt immerfort gegen die Stäbe. Und er schreit ... und schreit. Ununterbrochen. Es tut so weh im Bauch, dieses Schreien. Man weiß gar nicht mehr, was man tun soll. Die Beine fangen an zu zittern. Ich kann nicht mehr stehen. Es ist mir ganz dunkel vor den Augen. Ich liege der Länge nach im Gras und schreie auch, nur, um das nicht zu hören da oben. Erde kommt mir in den Mund, weil ich nicht hinaufsehen will.

Heidi reißt mir die Hände von den Ohren: »Du bist wohl auch verrückt. Du willst wohl auch in die Extrazelle wie der Schmied?«

Nein, das will ich nicht. Ich weiß ja schon, wie das ist. Von der Besenkammer her. Ich stehe wieder auf, Kleidchen ist voller Erde. Mit traurigen Gesichtern liegen die Veilchen im Körbchen. Frieren. Freuen sich nicht mehr.

Immer wieder klatschen die fürchterlichen Schreie herunter in den Graben, hängen wie krächzende Vögel an den Apfelbäumen. Mit Füßen, die nicht mehr mir gehören, schleiche ich hinter Heidi her ...

Erst als ich mit Tante Margot wieder nach Hause gehe, fällt mir ein, dass ich über all den Zuchthausgeschichten ganz vergessen habe, Heidi etwas zu fragen, was doch auch wichtig ist zu wissen: Wie ist das eigentlich mit dem Puppenjungen? Wie sieht es in seinen Hosen aus? Ist es wie bei den Jungens an der alten Mauer?

Es brennt

Es brennt.

Viele Menschen laufen über den Marktplatz. Obwohl es schon so dunkel sein müsste, dass man bald zu Bett gehen könnte, ist der Himmel rot und der Marktplatz wie von einem bengalischen Streichholz erleuchtet.

Degener, der Kutscher, muss die Pferde einspannen. Aber nicht vor die große Kutsche, nur vor den kleinen gelben Wagen, in dem nur vier Leute Platz haben. Degener ist so alt, dass er schon bei Großvater gewesen ist. Er hat einen Bart mit langen Enden unter der Nase. Wenn er kutschiert, trägt er immer eine hohe Mütze mit einem Fuchsschwanz auf dem Kopf. Großmama sagt, sie möchte nicht mitfahren. Sie mag so etwas nicht sehen, weil sie immer daran denken muss, dass nun wieder die armen Müllersleute, bei denen es brennt, um ihr Hab und Gut kommen. Sie will mich auch nicht mitlassen. Aber ich möchte doch so gern sehen, wie es brennt. Ich trete von einem Fuß auf den andern, möchte gern bitten, aber der Wunsch mitzukommen, ist so groß, dass er die Worte nicht aus dem Munde lässt. Da nimmt mich Onkel Jobst auf den Arm. Er sagt, er will auf mich aufpassen. Großmama lacht und ruft: »Na, Herr von Bismarck, Sie sind gerade der rechte zum Kinder Hüten. Da lacht Onkel Jobst auch und gibt mir einen Kuss auf die Nase. Haha! Onkel Jobst ist der lustigste Onkel, den man sich nur denken kann. Aber er hopst immer, wenn er geht. Das kommt davon, dass er ein krankes

Bein hat. Mich nennt er immer Suse. Er sagt, ich sehe so aus, wie wenn ich Suse heiße. Er hebt mich in den Wagen, setzt mich Tante Margot auf den Schoß. Dann klettert er auch zu den Tanten in den Wagen. Onkel Paul setzt sich neben Degener auf den Bock.

Degener haut fest auf die Pferde. Sie sausen davon. Mitten durch die Stadt, mitten durch die laufenden Leute hindurch, bis wir in der Nähe der brennenden Mühle sind.

Da ist es wunderbar schön. Da ist die Luft voller blinkender Blumen und Sterne. Manche sind wie lange Ähren, die im Bogen am Himmel entlangrutschen, manche wie runde Teller, die plötzlich nach allen Seiten auseinanderspringen. Goldene Äpfel sind dabei, die in der Luft zerplatzen, und große gelbe Salatköpfe, die feurige Blätter zur Erde fallen lassen. Es stinkt aber sehr, ähnlich wie in der dunklen Besenkammer. Man muss husten. Ich meine aber, ich habe noch nie etwas so Herrliches gesehen.

Es ist ein großes Geschrei um uns herum. Viele Leute rennen hin und her. Sie rollen große Tonnen und schleppen lange Leitern. Soldaten sind auch da und Männer, die sonderbare Hüte aufhaben. Das sind die, die zur Feuerwehr gehören. Onkel Paul steigt aus und geht nach vorn. Er will wissen, ob unser Korn auch mitverbrannt ist. Degener muss sehr auf die Pferde achtgeben. Sie stoßen aus und wollen nicht stillstehen. Sie mögen den Rauch nicht und das Feuer. Onkel Jobst sagt, die schönen Blumen und Sterne in der Luft kommen von den Mehlsäcken her, die zu Feuer geworden sind. Weil das Mehl so leicht ist, fliegt es in die Luft und wird zu Blumen und Sternen. Und wie er das zu den Tanten sagt, da muss ich mich sehr wundern. Denn ich sehe plötzlich zwischen dem Feuer hindurch mitten in die Mühle hinein. Ich sehe genau, wie es Onkel Jobst gesagt hat: Die Mehlsäcke sehe ich stehen, sehe sie zu Feuer werden und in die Höhe steigen durch das brennende Dach, bis sie am Himmel sind. Ich sehe die Müllersleute, wie sie die Hände ringen, ich höre sie weinen und schreien, trotzdem wir doch weit ab sind und trotzdem ich doch so klein bin, dass ich das gar nicht sehen kann. Es klopft stark in mir. Ich packe Onkel Jobst am Bein. Er nimmt mich auf die Schultern. Es wird wenig in der Mühle zu retten sein, sagt er. Trotz des Feuers ist es kalt. Ich friere. Tante Helene hat eine lange Röhre vor den Augen. Das ist ein Fernglas. Als sie uns den Rücken kehrt, nimmt Onkel Jobst Tante Margots Hand und küsst sie. Sehr lange. Ich finde das ganz richtig. Tante Margot hat ja keine so große hässliche Nase wie die alte Frau, die neben Großmama auf dem Sofa gesessen hat. Und weil ich ihm doch zeigen möchte, dass ich das richtig finde, beuge ich mich herunter und küsse ihn aufs Ohr. »Kleine Krabbe«, sagt er und zwickt mich in die Beine. Da dreht sich Tante Helene um und kneift die Augen zusammen. Jetzt brüllen die Feuerwehrleute. Es ist wilder Lärm ringsum. Alles schreit durcheinander und drängt fort von der brennenden Mühle. Mit großem Gepolter fallen die Mühlenflügel ab und versperren auf der Erde den Weg. Von der anderen Seite, wo man näher herankommen kann, wird fortwährend Wasser gegossen.

Das nennt man löschen. Onkel Paul kommt zurück. Alles Mehl ist verbrannt. Aber die Müllersleute sind gerettet. Man glaubt, dass das Feuer von bösen Menschen angezündet worden ist.

Mir klappern die Zähne vor Frost. Tante Margot bemerkt es und wickelt eine Decke um mich.

Dann fahren wir heim. Es ist dunkel und kalt. Onkel Paul sitzt jetzt im Wagen. Ich darf neben Degener auf dem Bock sitzen. Ich lehne den Kopf an ihn und falle beinahe vom Wagen. Müde bin ich und verwirrt. Die Leute zünden Feuer an … Großmama erwartet uns vor der Türe. Onkel Jobst sagt, sie soll ihm eine Belohnung geben, weil er so gut auf mich aufgepasst hat. Großmama lacht wieder und sagt zu Onkel Paul: »Nun, dann müssen wir wohl eine Klicko¹ springen lassen.« Onkel Paul brummt etwas, was ich nicht verstehe. Ich bin wieder ganz munter und möchte nicht ins Bett, denn ich möchte doch so gern die Klicko springen sehen. Tante Helene wird aber böse und sagt, die Klicko ist nichts für kleine Mädchen. Ich zerbreche mir den Kopf, wie so eine Klicko aussehen kann. Ist es ein kleines Tier wie etwa das Eichhörnchen vom schmutzigen August? Und ob Onkel Jobst dieses Tier besonders gernhat, weil Großmama es für ihn springen lassen will? Und wie das wohl aussehen mag, wenn es springt? Ich höre unten Lachen und Türenschlagen. Nun springt die Klicko, und ich kann sie nicht sehen. Ich bin recht unglücklich.

Am nächsten Morgen ist mir im Kopf recht dumm. Mich friert, als Tante Margot mich wäscht. Ich mag die Fußsohlen nicht ins Wasser stecken. Aber die Klicko habe ich nicht vergessen. Ich frage Tante Margot danach. »O«, sagt sie, »was bist du für ein kleines Dummerchen, die Klicko ist kein Tier, sondern eine Flasche, in der etwas drin ist, was schäumt und Champagner heißt.« Ja, kann denn aber eine Flasche springen? Ich kann das Ganze nicht recht begreifen. Mein kleiner Spieltisch ist jetzt seit kurzem nahe ans Fenster gerückt, durch das man auf den Hof heraussehen kann. Ich habe eine kleine Puppenküche, in der bunte Töpfe und Schüsseln hängen, in der ein Herd ist und ein Plätteisen. Auch eine kleine Puppenmamsell ist da mit weißer Schürze und Haube. Aber die Finger mögen heute gar nicht damit spielen. Sie wollen etwas ganz anderes tun. Sie stellen sich alle zehn vor mich hin und sagen: »Bitte, bitte.« »Nein«, sage ich. »Es ist doch aber so schön und lustig«, sagen sie. »Nein«, sage ich wieder. Aber sie hören nicht. Der rechte Daumen, der doch Tante Helene heißt, zwickt die Augen zusammen, trotzdem er gar kein Gesicht mehr auf dem Nagel hat und sagt: »Ich tu es doch.« »Dann bekommst du Po'chen gehaut«, sage ich. Der zweite Finger, der Mamsell heißt, sagt: »Ich tu es auch.« »Dann bekommst du auch Po'chen gehaut«, sage ich. Doch es ist nichts zu machen. Die Finger wollen nicht hören. Sie rutschen von mir fort nach hinten auf die große Kommode, wo die Schachtel mit den Streichhölzern ist. Sie nehmen sie aus ihrem Ständer und stellen sie zuerst in die Puppenküche. Ich setze die Puppenmamsell darauf. Aber die Finger nehmen sie wieder herunter. Die Finger, die Tante Helene und

Mamsell heißen, nehmen ein Streichholz. Die beiden, die Guste und August heißen, halten die Schachtel fest. Niemand ist im Zimmer. Und dann mit einem Mal ist das Feuer da. Am Streichholz steht es und lacht. Funkelt und möchte größer werden. Ach, Feuer ist schön! »Feuer«, sage ich, »willst du den bösen Hasen fressen?« »Ja«, sagt Feuer und nickt, »den bösen Hasen will ich fressen. Aber erst gib mir noch ein paar Streichhölzer, ich will Ihnen den Kopf abbeißen.« Es bekommt die Streichhölzer. »Kick« macht es und beißt einen roten Kopf ab. »Kick, kick, kick« macht es und beißt drei Köpfe mit einem Mal ab. Danach kommt der Hase dran aus dem Bilderbuch. Die Seite ist schon lose. Feuer freut sich und frisst den Hasen, frisst seine langen Ohren und die bösen Augen. Wird ganz hell und rot. Ich werfe es in die Höhe, weil es die Finger auch fressen will. Da fliegt es gegen die Gardine, läuft daran entlang, frisst sie auch. Läuft an der Stange entlang. Knackt mit den Zähnen …

Großmama kommt aus ihrem Schlafzimmer. Reißt Fenster auf. Zieht Tischdecke vom großen Tisch herunter, haut Feuer auf Po'chen. Weil es die Gardine gefressen hat. Mine kommt über den Hof gelaufen, mit Melkkübel. Mamsell kommt, die Tanten kommen. Schütten Wasser auf Feuer. Alles ist schwarz und nass. Es stinkt. Großmama ist sehr böse. Die ganze Stube ist voller Leute. Mir tut es im Kopf weh, weil Großmama böse ist. Es juckt mich überall. Es ist so sehr heiß. Und dann stehe ich auf einem hohen Turm. Sehe: Alles ist rot ringsum. Feuer. Dicht hinter mir. Lange rote Arme strecken sich aus, werden immer länger. Ich weiß, unten am Turm ist graues hässliches Wasser. Ich höre, wie es an den Turm schlägt. Kann nicht mehr atmen, so heiß ist es. Da ziehe ich Hemdchen aus, schlage auf Feuer los. Laufe mitten durch die roten Arme, sehe eine Tür. Reiße sie auf. Bin auf einer dunklen Treppe. Fühle unter den bloßen Füßen kalte Steinstufen. Die Treppe geht rundum nach unten. Ich muss immer schneller laufen und kann nicht mehr stillstehen. Je mehr ich nach unten komme, umso kälter wird es. Ich weiß, von der letzten Stufe werde ich in das graue Wasser fallen. Ich höre es gegen den Turm schlagen. Es will mich fressen.

Aber da steht Tante Margot auf der letzten Stufe, nackt wie ich. Sie fängt mich in den Armen auf. Pluto, der Krebs, sitzt da, verdreht die Augen und ist groß wie Hektor. Nun wollen wir ihn fangen, sagt Tante Margot …

Ich habe Scharlach.

Sechs Wochen muss ich im Bett liegen. Täglich tragen Degener und Heinrich eine Badewanne ins Zimmer. Dann badet mich Tante Margot. Das Wasser sieht ganz grün aus und riecht so gut. Danach werde ich in drei wollene Decken eingewickelt und muss schwitzen. Damit nichts von dem bösen Scharlach übrigbleibt, der in mir sitzt, sagt Onkel Doktor.

Es ist sehr hübsch, krank zu sein. Alle Leute sind freundlich und schenken mir etwas. Der ganze Tisch vor meinem Bett ist voller schöner Sachen. Männe kommt, stellt sich an mein Bett und hält in seiner

Schnauze ein Körbchen. Darin liegen goldene Äpfel. Das sind Apfelsinen. Das sind die Frauen von den Äpfeln, sagt Onkel Doktor. Männe freut sich so, dass er mir die Apfelsinen bringen kann, dass er seinen Zipfel ganz lang herausstreckt. Das sieht sehr komisch aus. Onkel Jobst kommt auch. Er schenkt mir ein kleines Schattentheater mit schwarzen Puppen und ein Marzipanschweinchen, das ein Goldstück im Munde hat. Nun braucht man gar nicht mehr mit den Fingern zu spielen, die so böse waren und Feuer gemacht haben. Man kann die Puppen nennen, wie man will. Man kann sich auch noch aus schwarzem Papier mehr dazu schneiden. Onkel Jobst schneidet einen großen Vogel Phönix mit Flügeln.

Wenn ich geschwitzt habe, liest mir Tante Margot viele Märchen und Gedichte vor. Wenn Onkel Jobst aber kommt, dann gehen die beiden hinter den Bettschirm. Sie glauben, ich sehe nichts, wenn ich mit den Puppen und den Schweinchen spiele. Aber trotzdem ich keine Augen hinten habe, weiß ich genau, dass sie sich hinter dem Bettschirm küssen, und wenn die Lampe brennt, dann sind ihre Schatten auf dem Bettschirm und küssen sich auch, weil sie sich sehr liebhaben. Aber das darf Tante Helene nicht wissen. Ich sage es ihr nicht.

[1] (Veuve) Cliquot: Champagnermarke

Schatten

»Ich bin das Schweinchen Glück,
Willst du mein Goldstück?«
»Nein«, sagt die Schattenprinzessin, »Was soll ich
mit deinem Goldstück?
Ich weiß so viele Plätze,
Da liegen Schätze,
Wo wir wohnen,
Da gibt es sogar Kronen,
Aber weißt du was, Schweinchen,
Hol' mir ein Weinchen,
Ich habe Durst.«

»Buick, Buick, nut, nut«, sagt das Schweinchen, »ich
laufe und hole dir eine Wurst.«
Fort ist es, unter dem Kopfkissen verschwunden.
Gerade bekommt die Schattentante Margot auf dem
Bettschirm einen Kuss.
Aus der Schachtel kommt der Schattenkönig. Er ist
schon alt und hustet lange und laut.
»Da bin ich ja recht gekommen«, sagt er,
»Wer hat mir denn meine Krone fortgenommen?
Sie ist von lauter Gold
Und ist mir nur ein bisschen vom Kopf gerollt.«
»Das Rätsel will ich dir lösen«, antwortet die Prin-
zessin Tochter, »das ist gewiss das Schweinchen
gewesen.«
»Was ist das für ein Schweinchen«, fragt Papa
König, »wo kommt dieses Schweinchen her?«

»Es holt mir nur ein Weinchen,
Mich dürstet so sehr«, antwortet die Prinzessin.

Jetzt hat der Schattenonkel Jobst auf dem Wandschirm einen Kuss bekommen.

»Ein Schwein in meinem Königsschloss,
Das ist ja unerhört,
Wenn das der Prinz erfährt,
Dass ich nun keine Krone habe,
Das leide ich ganz einfach nicht«, schreit der König.

Da kommt der Bildschirm ins Wackeln, Tante Margot springt zu mir ans Bett. Onkel Jobst hopst ihr nach. »Was, Suse«, sagt er und wuschelt mir die Haare durcheinander, »das ist doch fein mit den Schattenpuppen. Aber nun wollen wir einmal alle zusammen spielen … der alte König muss nicht so viel reden. Das bekommt ihm nicht. Den legen wir jetzt in die Schachtel, da kann er schlafen. Der Prinz ist viel wichtiger. Er heißt Kocklikott, die Prinzessin heißt Eijaja.«

Ich finde, dass Eijaja ein schöner Name ist. Prinz Kocklikott kommt aus der Schachtel. Man biegt ihn um, weil er ja aus Papier ist. Dann kniet er vor der Prinzessin. Er sagt:

»So lieb wie ich dich habe,
Prinzessin Eijaja,
Hat dich kein Mensch auf Erden,
Drum setz' dich hinter mich aufs Ross,
Und reite mit mir auf mein Schloss,
Du sollst Frau Königin werden.«

»Ach«, sagt Tante Margot, »es ist ja aber gar kein Ross da, Herr Prinz!«

»Dann nehmen wir einfach das Schweinchen«, lacht Onkel Jobst.

»Au ja, auf dem Schweinchen müssen die beiden fortreiten.«

»Aber die Prinzessin muss erst noch etwas zu dem Prinzen Kocklikott sagen. Was sagt sie denn nun gleich?«

Onkel Jobst sieht Tante Margot sehr lieb an. »Ich weiß, ich weiß«, rufe ich, »lass mich, Onkel Jobst, ich will es sagen … Sie sagt zu ihm:

»Ach, sie sind's,

Herr Prinz,

Das ist schön, dass Sie gekommen sind,

Nun trinken wir zuerst das Weinchen,

Dann setzen wir uns auf das Schweinchen …«

»Famos«, ruft Onkel Jobst. »So wollen wir es machen und uns freuen und lachen …«

Wir freuen uns alle drei darüber sehr. Es ist so lustig. Ich schwitze ohne alle Decken, so freue ich mich. Ich hole das Schweinchen unter dem Kopfkissen vor. Ein Beinchen ist schief gedrückt, aber man kann es mit Spucke wieder richtig festkleben. Sonst ist es gesund. Ich möchte Onkel Jobst und Tante Margot so gern mitten auf die Nase küssen. Beide. Ich habe sie so lieb.

»Hu«, macht Onkel Jobst, jetzt kommt die böse Fee Pimplewuta aus der Schachtel. Pimplewuta ist ein herrlicher Name. Sie hat eine Nase, die beinahe so groß ist wie sie selber. Onkel Jobst wechselt seine Stimme. Er kräht beinahe wie ein Hahn.

»Was? Da soll doch gleich das Donnerwetter drein-
schlagen.

Wollt ihr mich nicht einmal um Erlaubnis fragen?
Ich, Pimplewuta, die böse Fee,
Verbiete Eure Abreisee.
Ich sperre den Prinzen Kocklikott ein,
Der soll mein Hexenlehrling sein …«

Au weh, da hat sie ihn schon am Kragen. Sperrt ihn
ins Kabäuschen. Jetzt wird es aufregend. Was sagt der
Prinz? Was tut die Prinzessin Eijaja?

Tante Margot rät, die Prinzessin soll zu dem guten
Vogel Phönix gehen, der noch in der Schachtel schläft,
und ihn bitten, den Prinzen aus dem Kabäuschen zu
befreien. Mit seinem Schnabel kann er das Schloss
aufmachen. Erst aber muss die Prinzessin der bösen
Fee ein Haar ausreißen. Das muss sie dem Vogel Phönix bringen, dann hat er Macht über sie.

Wir wollen gerade Pimplewuta schlafen legen,
damit man ihr ein Haar ausreißen kann, da geht die
Tür auf und Tante Helene kommt herein.

»Warum ist denn die Wäsche noch nicht in den
Schrank geräumt?«, fragt sie.

»Ich muss doch auf das Kind aufpassen«, antwortet
Tante Margot.

»Du musst wohl auch auf den Herrn von Bismarck
aufpassen«, sagt sie.

Ich bekomme einen Schreck, wie Tante Helene das
sagt. »Nein, Fräulein Helenchen«, lacht Onkel Jobst.
»Um auf mich aufzupassen, sind Sie da.« Es ist genau
so, als ob die Puppen sprechen.

124

»Pack ein, Suse«, sagt er. »Wir spielen ein andermal weiter. Die böse Pimplewuta soll den Prinzen nicht einsperren, darauf kannst du dich verlassen.«

»Zum Theaterspielen ist sie noch viel zu klein«, sagt Tante Helene.

»Haben wir nicht wunderschön gespielt, Suse?«

»Ja«, sage ich begeistert.

Onkel Jobst wirft mir noch eine laute Kusshand zu, ich werfe ihm drei zurück. Dann geht er. Kaum ist er fort, da fährt Pimplewuta auf Tante Margot los. Sie schlägt sie mitten ins Gesicht. Sie zieht sie an den Haaren, stößt sie gegen den Bettschirm ... ich schreie, ich stelle mich auf im Bett. Der Bettschirm fällt um, das kleine Puppentheater zerknackt unter den Füßen.

»Großmama, Großmama«, schreie ich ...

Die beiden wälzen sich auf der Erde. Ich sehe, wie Tante Margot Pimplewuta in die Hand beißt ...

»Großmama, Großmama«, brülle ich ... die Tränen laufen mir salzig über den Mund. Onkel Paul kommt herein, reißt die beiden auseinander, sagt, es ist eine Schweinerei, und dem Junker von Bismarck wird er einmal Bescheid sagen.

Bettschirm ist zertrampelt.

Tante Helene schreit laut und sagt, ihre Hand ist ganz zerbissen, und sie wird sicher sterben ... »Das wäre sicher nett von ihr«, denke ich. Sie nennt Onkel Paul einen feigen Affen. Onkel Paul nennt sie eine böse Sieben. Als die beiden aus dem Zimmer sind, kniet Tante Margot an meinem Bett und weint. Ich halte sie umfasst. Ihre Tränen fließen über meine Arme. Ich weiß gar nicht, was ich mit ihr machen soll.

»Lass nur«, sage ich, »ich reiße Pimplewuta schon noch das Haar aus. Dann nimmt euch der gute Vogel Phönix auf den Rücken und fliegt mit euch weit fort …« Da ist die kleine Tante Margot ganz still. Sie küsst mich auf das Haar. Ich küsse ihr die Tränen fort von den Backen. Dann ordnen wir die Schattenpuppen. Sie sehen schlimm aus. Wir legen sie alle glatt in die Schachtel. Das kleine Theater will Tante Margot mit Gummi arabicum kleben.

Ich soll nun schlafen. Aber ich kann es nicht. Die Puppen sprechen weiter. Auch wenn sie gar nicht richtig da sind. Ich sehe sie deutlich. Jetzt können sie sogar Hände und Füße bewegen. Sie tun alles, was ich will. Jede hat ihre eigene Stimme. Vogel Phönix kann nur singen. Er singt: Wenn ihr auf meinen Rücken steigt, so trag' ich euch bis an die Sterne …

Pimplewuta hackt er mit seinem großen Schnabel die hässlichen Augen aus. Das Schweinchen bringt die Krone wieder. Es bietet sich selbst an. Man soll es, wenn Hochzeit gemacht wird, doch schlachten und auffressen.

Das tut man dann auch.

Als Andenken bleibt das Goldstück übrig und ein paar Hölzer, die es an den Beinen gehabt hat. Aber auch, nachdem es geschlachtet ist, will der Schlaf nicht kommen. Jetzt sind andere Puppen da, groß und lebendig, und bewegen sich.

Großmama hat mir gesagt, dass ich wieder ein Schwesterchen bekommen habe. Nun habe ich schon zwei Schwesterchen und ein Brüderchen. Sie hat mir auch einen Brief von meiner Mutter vorgelesen. In dem wünscht mir meine Mutter, dass ich gesund und artig bin. Unter den Brief hat mein Vater etwas geschrieben. Großmama sagt, er schreibt so schlecht, dass man es kaum lesen kann, aber es soll wohl heißen: Gruß und Kuss, Papa. Aber, wie ist das alles? Ich habe eine Mutter, und sie ist nicht da. Ich weiß nicht, wie sie aussieht. Ich kenne nur ein Bild von ihr, und das ist wie eine Schattenpuppe. Ich habe einen Vater, und er ist nicht da. Ich kenne auch nur ein Bild von ihm. Und das ist wie eine Schattenpuppe. Ich habe Schwestern und weiß nicht, wie sie sprechen. Ich habe einen Bruder und weiß nicht, was er tut. Wie Puppen sind sie für mich und wie Schatten auf einer Wand. Man kann sie sich nur denken. Aber man weiß nicht, wie sie richtig sind.

Wie ist das nur? Und warum ist das so?

Viele große Puppen sprechen durcheinander …

Eine schöne Bescherung

Ich bin sehr gewachsen in den sechs Wochen, wo der Scharlach in mir war. Ich bin jetzt ein großes Mädchen, sagt Onkel Doktor. Kniekehlen und Rücken und Fußsohlen werden mir täglich mit Franzbranntwein abgerieben. Zur Stärkung. Es ist ein zurückgetretener Scharlach gewesen, und da muss man besonders vorsichtig sein.

Morgens trinke ich Lindenblütentee.

Am 11. November hat Großmama Geburtstag. Es liegt schon Schnee, aber im Garten blühen noch die Rosen. Wir schneiden sie am 10. November alle ab, weil sie sonst erfrieren würden. Sie haben so sonderbare Gesichter. Die Blätter sind kraus, und die Knospen von der gelben Dijonrose sind lang und fest geschlossen. Sie werden nicht mehr aufgehen, sagt Tante Margot. Warum sind sie denn gekommen, wenn sie gar keine Rosen werden wollen?

Ich habe Großmama einen Staublappen gestrickt. Er ist zwar nicht sehr groß, aber ich bin doch recht stolz auf ihn. So viele Maschen! Es war eine große Arbeit.

Ich habe aber noch etwas anderes gemacht.

Ganz heimlich. Ich habe mir vom Schreibtisch ein Stück Papier geholt und habe mit einem Bleistift etwas darauf geschrieben. Es war auch eine Arbeit, aber ich habe sie lieber gemacht als den Staublappen. Minna, das Stubenmädchen, hat mir ein bisschen geholfen. Sie hat mir Linien gezogen. Und nun steht es ganz richtig da und ist deutlich zu lesen. Ich selber habe aufgepasst, dass die Finger auch die i-Punkte gemacht haben und die u-Haken. Nur die ü-Tüpfelchen haben sie vergessen. Die hat Minna noch zum Schluss gemacht.

In das Blatt Papier habe ich ein Loch geschnitten. Durch das Loch habe ich ein Bändchen gezogen. Dann hole ich Hektor. Er freut sich schon. Wir ziehen ihm eine schöne gestickte Schürze von mir an. Mit den Vorderpfoten muss er durch die Armlöcher gehen. Auf dem Rücken knöpfen wir sie ihm zu. Dann binden wir ihm das Blatt Papier um den Hals und stecken ihm schöne bunte Astern in sein Halsband. »Geh zu Großmama«, sage ich zu ihm und mache die Türe auf zum Wohnzimmer, wo Großmama frühstückt. Hektor geht zu Großmama.

Minna und ich horchen an der Türe, die wir ein bisschen offen lassen.

Es sind Gäste da. Sie lachen und sagen: »Ja, was ist denn das?«

Großmama sagt auch: »Ja was ist denn mit dir, Hektor?« Hektor dreht sich und gibt ihr die Pfote. Die weiße Schürze umflattert ihn, die Astern fallen ihm aus dem Halsband. Sie nimmt ihm den Zettel ab und liest. Sie liest laut. Mir wird ganz heiß vor lauter Glück. Ich kneife Minna in den Arm. Es ist also wirklich richtig, Großmama kann es lesen. Ich höre es, genauso, wie ich es gedacht und ganz allein geschrieben habe.

Großmama liest:

Ich bin ja nur ein armer Hund

Doch wünsche ich dir, bleib gesund

Und auch auf allen Wegen
Viel Blumen, Glück und Segen.
Dies schrieb ein kleines Mädchen
Für dich, dein liebes Gretchen.

Man schreibt, um sich verständlich zu machen. Das weiß ich nun.

Ich springe hinein ins Zimmer, gebe meinen Staublappen und meine Rosen. Falle Großmama schluchzend um den Hals. Großmama küsst mich und sagt: »Das ist ja ein herrliches Gedicht, das du da für Hektor gemacht hast.«

Tante Helene gefällt mein Staublappen nicht. Sie sagt, es sind Prudel darin. Prudel sind Wollklöße zwischen den Maschen. Großmama findet ihn aber schön und sagt, die Wollklöße sind gerade besonders gut zum Staubwischen. Ich könnte Tante Helene die Augen aushacken. Sie hat das nur gesagt, um mich zu ärgern. Vor den Gästen.

Aber um der Verse willen werde ich gelobt. Und bin sehr stolz darüber.

Es ist eine große Tafel gedeckt, die bis in die vordere schöne Stube, die ein Salon ist, reicht. Es stehen viele Blumen darauf und Aufsätze mit Früchten. Servietten sind wie Tiere zusammengelegt, das ist sehr hübsch. Es gibt Schwäne und Katzen, Schlangen und Frösche. In ihrem Mund steckt eine Karte, auf der steht ein Name, damit man weiß, wem der Platz gehört. In der Mitte der Tafel erhebt sich stolz und hoch ein Baumkuchen mit seinen Zacken, die wie aus Schnee sind. Den Baumkuchen hat Frau Rabenhorst gebacken. Frau Rabenhorst ist eine Kochfrau, die immer ins

Haus kommt, wenn Gäste da sind. Ich habe ihr den Schnee für die Zacken rühren helfen. Den Baumkuchen hat sie aber nicht etwa in den Ofen gesteckt wie die Sandtorten und anderen Kuchen, sondern sie hat ihn in der Waschküche, die hinten im Hof ist, über einem Feuer gedreht und mit dickem, süßem Teig so lange begossen, bis er dick und zackig geworden ist. Die Kleckschen, die dabei von dem Teig herunter auf das Blech gefallen sind, habe ich aufessen dürfen. Es sind 30 Eier in diesem Baumkuchen. Die Zacken sind aus Rosenwasser und Zucker gerührt.

Das Rosenwasser habe ich aus der Apotheke geholt. In der Apotheke habe ich Erich getroffen, der Hingfong[1] für seinen Vater gekauft hat. Er hat mir einen aus der Tüte geschenkt und mich gefragt, ob er mir nun einmal das Geheimnis zeigen soll. Ja, habe ich gesagt, das möchte ich schrecklich gern sehen. Nach dem Scharlach habe ich ihn doch noch gar nicht gesprochen. Da hat er mir schon etwas verraten. Ich soll in den Garten hinter unseren Kuhstall gehen, da ist links in der Mauer eine kleine Türe. Von der soll ich den Riegel fortschieben, dann kann ich schon durchkriechen. Dann werde ich schon weitersehen. O, ich werde mich wundern. Dann hat er mir gezeigt, wie man pfeift. Er bringt mich bis an die Haustüre. Hüit! Ich kann es sofort … Dreimal Hüit … und er kommt … Das hört sich an wie im Märchen. Schön. Ich will es versuchen, ob es stimmt. Da will er gehen. Aber weil er doch mein Freund ist, nehme ich ihn mit zu Frau Rabenhorst in die Waschküche. Er soll doch den Baumkuchen sehen. Frau Rabenhorst aber nimmt die Flasche mit Rosenwasser und sagt: »Macht, dass ihr rauskommt!«

Es ist mir nicht recht gewesen, dass Erich so schlecht behandelt wird. Seitdem habe ich ihn nicht gesehen. Vor Großmamas Geburtstag hatte ich doch wegen des Staublappens auch keine Zeit für Geheimnisse gehabt.

Beim Mittagessen habe ich mein schönstes Kleidchen an und darf neben Großmama sitzen, die mir alles auf den Teller legt. Wilhelm, der Kellner ist, und Degener haben weiße Handschuhe an. Sie laufen fortwährend hin und her, dass nur alle zu essen bekommen.

Tante Margot spielt auf dem Klavier einen Marsch. Und dann geht es los.

Nach der Suppe gibt es einen großen Fisch. Der ist ein Haffzander, weil er aus einem großen Wasser kommt, das das Haff heißt. Er ist mit geriebenem Ei bestreut. Im Maul hat er einen Spieß mit ganz kleinen Kartöffelchen und Petersilie und Zitronen. Dazu gibt es eine Soße, die ganz dick ist und Remoulade heißt. Ich esse sie sehr gern und möchte noch mehr davon haben. Tante Helene sagt, das ist unbescheiden. Wilhelm und Degener räumen die Teller fort und die Fischmesser, denn nun kommt auf einer langen Schüssel eine große Gans. Das ist eine pommersche Martinsgans. Sie hat 18 Pfund gewogen und ist kaum in den Ofen gegangen. Ich frage, warum das eine pommersche Martinsgans ist. Da höre ich, dass wir in einem Lande wohnen, das Pommern heißt, und dass es eine Martinsgans ist, weil der 11. November der Martinstag ist. Während die Gans zerschnitten wird, erzählt ein Onkel, der ganz jung ist und Albert heißt, eine Geschichte:

Vom Heiligen Martin.

Und weil das am 11. November geschah, da gibt es seitdem immer am 11. November eine Gans, die Martinsgans heißt.

Wunderschön ist das, wenn viele Menschen an einem Tisch sitzen und Geschichten erzählen. Aus der Gans kommen viele Bratäpfel, die schmecken sehr gut. Aber den Salat, den es dazu gibt, den kann ich nicht essen. Er riecht wie die Blumen, die an Frau Reiches Fenster standen. Er stinkt. Man soll mich nicht zwingen, sagt Großmama. Es kommt öfter vor, dass kleine Mädchen Selleriesalat nicht mögen.

Sie haben es ja auch noch nicht nötig, sagt Onkel Paul. Darüber lachen alle. Ich weiß aber nicht recht, warum ich's nicht nötig habe.

Die Gans ist knusprig und knirscht, wenn man sie isst.

Und von dem roten Wein, der Lafitte heißt, bekomme ich auch etwas. Mit Selterwasser verdünnt. Aber ich darf noch nicht trinken, denn Onkel Paul will erst eine Rede sagen. Onkel Paul steht auf und klopft ans Glas. Er sagt, dass Großmama heute 55 Jahre alt ist und dass sie ihren Kindern immer eine gute Mutter gewesen ist. Und dass deshalb ihre Kinder heut' gekommen sind, um ihren Geburtstag zu feiern. Es wäre sehr traurig, dass Marie seit der Geburt des letzten Töchterchens leidend sei und nicht habe kommen können. Gerade auch der Kleinen wegen sei es eigentlich notwendig gewesen, dass Marie gekommen wäre. Er sagt noch viel. Aber ich höre es nicht mehr. Ich weiß, Marie ist meine Mutter, und die Kleine bin ich. Und ich habe so das Gefühl, dass ein Geheimnis dabei ist. Und dann stoßen wir an mit Großmama, die ganz rote Backen hat und sehr hübsch aussieht. Eine weiße Haube hat sie auf. Jeder muss einen Trinkspruch sagen, ehe er Großmama zutrinkt. Es geht aber so schnell, dass ich die Sprüche nicht behalten kann. Es sind nur noch drei Leute, dann komme ich ... Es kribbelt in mir, denn ich möchte doch nicht allein ohne Trinkspruch sitzen ... Ich merke, wie ich mit den Augen klappere vor lauter Angst, dass ich keinen Trinkspruch finden könnte. Jetzt sind es nur noch zwei Leute, jetzt ist nur noch der Albert da ... Jetzt hat der Albert seinen Spruch gesagt und getrunken ... Und jetzt springe ich auf den Stuhl, schwenke das Glas und schreie ganz laut, damit es ja jeder hören soll:

»Wenn es auch schon schneien tut,

Der Wein, der schmeckt uns immer gut.«

Danach stoße ich mit Großmama an und darf trinken. Und bin sehr froh, dass mir doch noch so etwas Gutes eingefallen ist.

Jetzt gibt es Zimtröllchen. Beim Fürst-Pückler-Eis, das so heißt, weil ein Mann mit Namen Pückler es zuerst gemacht hat, muss ich immer denken, wie es möglich ist, dass Großmama neun Kinder gehabt hat. Und zwei davon sind tot. Und zwei fehlen. Die anderen fünf sitzen am Tisch.

Nach dem Fürst Pückler kommt die Klicko. Es ist merkwürdig, wie man sich etwas ganz Falsches vorstellen kann, wenn man etwas nicht kennt. Nicht die Flasche springt, sondern ihr dicker Korken, der mit eisernen Drähten festgebunden ist. Schneidet man diese Drähte durch, so springt der Korken mit lautem Knall bis an die Decke. Fünfmal lässt Onkel Otto einen Klickokorken springen. Nur meinetwegen, sagt er. Weil es mir Spaß macht. Ich hebe die Korken auf.

Der rote Wein hat mir aber viel besser geschmeckt als das süße Zeug aus der Klicko.

Es wird sehr lebhaft. Mir sausen die Ohren … Die beiden Brüder Otto und Paul rauchen große Zigarren. Dabei fangen sie an, sich über etwas zu streiten. »Beutler muss ein für alle Mal aufs Trockene gesetzt werden«, sagt Onkel Otto.

»Obacht«, ruft Tante Helene, »Backofen!« Und sie sieht mich an. Ich begreife sofort. Man will etwas über meinen Vater sagen und ich soll es nicht hören. Es ist vielleicht das Geheimnis, das ich nicht weiß. Großmama tippt mich auf den Arm. »Nun nimm einmal all die übrigen Brötchen vom Tisch und füttere die Hühner«, sagt Großmama. Es ist einen Augenblick ganz still im Zimmer. »Zieh dir aber deinen Mantel an.« Ich sehe von einem zum anderen, möchte sagen: »Ich weiß doch, dass ich hinausgehen soll, weil ich nicht hören soll, was ihr sagt …«

»Was machst du denn für komische Augen? Du hast wohl zu viel Wein getrunken«, sagt Onkel Otto. »Von wem hat sie denn eigentlich diese sonderbaren Augen?«, fragt die Tante, die Anna heißt und Onkel

Ottos Frau ist. »Die hat sie von ihrer Ururgroßmutter Rosine …«, sagt Großmama.

Ach du liebe Zeit, was ist denn das nun wieder: eine Ururgroßmutter? Man kennt sich überhaupt nicht mehr aus vor lauter Leuten.

Ich habe jetzt die Krümel beisammen und den Mantel angezogen. Ich gehe auf den Hof, weil ich ein »Backofen« bin, der nicht hören soll, was gesprochen wird. Ich weiß, es wird nun über meine Eltern gesprochen werden. Aber was? Ich würde gern an der Tür horchen, aber ich traue mich nicht, weil Wilhelm und Degener und Minna und Berta immer aus und ein gehen.

Ich schütte die Semmelreste auf den großen Haufen, wo die Hühner scharren. Erich ist mir eingefallen und sein Geheimnis. Durch den Kuhstall, in dem nur die Kühe aufstoßen und kauen, gehe ich in den hinteren Garten. Hier liegt etwas Schnee. Die Bäume sind ohne Laub. Da ist richtig links in der vorderen hohen Wand eine kleine Türe aus Holz. Der Riegel geht zurück. Sie fällt nach vorn. Dahinter ist noch eine ebensolche Tür. Sie ist nicht verschlossen. Ich kann sie nach vorn aufstoßen. Es ist ganz still um mich herum. Ich ducke mich und kann hindurchkriechen. Nun bin ich in einem dunklen Stall, der nicht unser Stall ist. Es raschelt irgendwo. Ich will zurücklaufen, aber ich denke, was würde Erich dazu sagen. Ich will mich nicht fürchten. Ich will nicht, dass mein Herz klopft. Ich gehe dem Rascheln nach. Und da finde ich das Geheimnis. Es ist ein Tier, ein ganz wunderhübsches Tier mit lustigen Augen und einem buschigen

Schwanz. Ich kenne es wohl, wir haben es ja ausgestopft in unserem Hause. Es ist ein Fuchs. Er rennt in einem Käfig herum, immer hin und her … Aber er stinkt. Im Kopfe ist es mir ein bisschen dumm. Ich setze mich vor den Käfig auf das Heu, das dort liegt, und unterhalte mich mit ihm: »Wie heißt du?« Er weiß es nicht. Er kommt ganz nahe an das Gitter und beriecht mich. Er plinkert mit den Augen. Ich halte ihm meine Hand hin. O, ich möchte auch einen solchen Fuchs haben.

Nun muss ich ausprobieren, ob das mit dem Pfeifen stimmt. Ich gehe weiter und komme an einen Hof. Er ist eng und schmutzig. Ich pfeife dreimal, wie Erich es mir gezeigt hat: Hüitt!

Eine Tür knackt. Da ist er. Aber er winkt mir mit der Hand. Ich soll nicht weitergehen. Er selbst schleicht an der Wand entlang.

Nun sitzen wir beide in dem Heustall vor dem Fuchskäfig. Er nimmt ihn heraus und sagt, dass er Hans heißt, weil es ein männlicher Fuchs ist. »Woher weißt du das?« Erich sieht mich an. »Das sieht man doch unter seinem Schwanz.« Das soll er mir zeigen. Ich muss das wissen. Er holt den Fuchs heraus. Der ist ganz zahm, und Erich steckt ihm den Kopf in die Jacke. Er hebt ihm den Schwanz auf und zeigt mir: Da sind zwei kleine Klöße wie Kartoffeln, und weiter ist da, was auch Männe hat, der Zipfel, der aber jetzt gar nicht zu sehen ist. Die Fuchsfrauen und die Hundefrauen haben da nur ein Loch. Och, ist das merkwürdig. Ich möchte aber nun mehr wissen. Haben die Menschenjungens auch solche Kartoffeln hinter ihrem Zipfel? Kann Erich mir das nicht einmal zeigen, wie das ist?

Da wirft Erich aber den Fuchs in seinen Käfig zurück und sagt: »Nein, das tut man nicht, das ist unanständig …«

Ich begreife das nicht. Man muss das doch wissen, sonst kennt man sich ja gar nicht aus. Ich finde das nicht nett von Erich

»Nu, ich jedenfalls habe so etwas nicht«, sage ich.

»Natürlich nicht«, sagt er und dreht sich um. Ich merke, er lacht. Ich finde das gar nicht zum Lachen. Mir ist es ganz ernst. Dann führt er mich in einen ganz dunklen Winkel, in dem lauter Kisten stehen, und zeigt mir ein Versteck, von dem niemand weiß außer ihm selbst. Er geht jetzt schon ein Jahr zur Schule und kann Bücher lesen. Von einem großen Jungen bekommt er öfter solche Bücher geschenkt. Er zeigt sie mir. Wenn ich niemandem etwas sage, will er sie mir auch borgen, wenn ich erst zur Schule gehe. Auf den Büchern sind bunte Bilder. Da sind Menschen an Bäume gebunden, und es wird auf sie geschossen. Da brennen Feuer und Menschen laufen davon. Da liegen andere auf Bäumen und haben Federn auf dem Kopf und rote Gesichter. Es sind Indianer. Indianer sind wilde Menschen, die in Amerika leben … O, was Erich alles weiß! Ich bin ganz still vor lauter Bewunderung. Er erzählt mir, wie Menschen überfallen und gebraten werden und zeigt mir auch die Bilder dazu, wie ihnen die Augen ausgestochen und die Herzen ausgerissen werden, wie man ihnen Stöcke in den Leib bohrt und ihnen die Hände abhackt.

»Ich würde mir das nicht gefallen lassen«, sage ich schaudernd.

»Was willst du denn tun, wenn viele über dich herfallen?

»Das weiß ich nicht, ich glaube, ich würde allen die Nase abbeißen.«

»Wenn ich dich hier binden würde, mit ganz dicken Stricken«, sagt Erich, »da könntest du gar nichts machen.«

Wir beschließen, dass wir das einmal bei Hans, dem Fuchs, versuchen wollen. Ich kann mir nicht vorstellen, dass Erich mich binden kann. Wir wollen öfter hier zusammenkommen. Ich werde ihm morgen ein Stück Baumkuchen mitbringen von Großmamas Geburtstag.

»Ja, ihr seid reiche Leute«, sagt Erich. »Wir sind arm. Wir essen keinen Baumkuchen.«

»Warum sind wir denn reich?«, frage ich.

»Weil ihr ein Hotel habt. Alle Leute, die ein Hotel haben, werden reich, sagt mein Vater.« Das ist nun wieder etwas Neues und will begriffen werden.

»In eurem Hotel lassen die ganzen Junker ihr Geld.«

Morgen um dieselbe Zeit soll ich den Baumkuchen bringen. Und vielleicht auch ein Stück Gänsebraten. Den isst er nämlich sehr gern. Nun will er mir noch etwas zeigen. Einen schmalen Gang, in dem lauter stinkendes Zeug liegt, gehen wir entlang, kriechen durch mehrere geheimnisvolle Löcher und stehen plötzlich vor der Kirche. Das ist das Wunderbarste, was ich je erlebt habe. Ich halte Erich für so etwas wie einen Hexenmeister ... Während man sonst eine lange Straße langgehen muss, kann man durch diesen Gang hintenherum abkürzen.

Mich dünkt das eine tiefe Weisheit zu sein, die man benutzen muss.

Wir reichen uns die Hände zum Abschied.

Als ich nach Hause komme, wird es dunkel, alle Gäste sind in dem großen Zimmer, der Tisch ist wieder kleingemacht, der Baumkuchen steht auf der Kommode. Daneben steht eine von den Flaschen, in denen der rote Wein war. Sie ist halb voll. Ich schneide zuerst einmal mit einem Messer, das dabei liegt, ein großes Stück Baumkuchen ab – für Erich ... Es geht besser, als ich gedacht habe. Das Stück wickle ich in eine Serviette und verstecke es hinter der Kommode. Und während ich an all die grausamen bunten Bilder denke, die er mir gezeigt hat, breche ich eine Zacke nach der anderen von dem Baumkuchen ab. Dazu trinke ich den Wein aus der Flasche. Ich finde, dass das ein köstliches Mahl ist und glaube durchaus, wenn man mich ganz allein hier lässt,[2] alle die grausamen Bilder [vergessen zu können.]

Na, das ist ja eine schöne Bescherung.

[1] Arzneimittel auf Alkoholbasis
[2] Das Typoskript endet an dieser Stelle. Der den Titel aufgreifende letzte Satz ist handschriftlich hinzugefügt, der Abschnitt in der Klammer ist jedoch nicht exakt zu entziffern.

Erlauben Sie – das soll ein gewöhnliches Frühstück sein?

Aus dem Privatlehrerinnenseminar Berlin W.

Unglaubliche Aufregung im staatlich konzessionierten Privatlehrerinnenseminar in Berlin W.

Dem Gesangsprofessor ist in der Zeit von 9–10 sein rotseidenes Taschentuch und der Belag von seiner Frühstückssemmel aus der Manteltasche verschwunden.

Der Verdacht fällt auf die zweite Seminarklasse, denn nur die Seminaristinnen dieser Klasse hatten in der fraglichen Zeit durch den dunklen Garderobenraum zu gehen, wo der kaffeebraune Überzieher des Herrn Professor hängt, den er auch in den heißesten Sommertagen nicht zu Hause lässt.

Von 9–10 ist in der zweiten Seminarklasse Pädagogikstunde gewesen. Nein, das ist verblüffend, was da geleistet worden ist! Wie alte, lebensweise Frauen haben diese Mädchen über Kinder und Kindererziehung geredet, haben Vorträge gehalten über die Lehrziele des Amos Comenius[1], haben ganz genau gewusst, wann und wo und unter welchen Verhältnissen der zur Welt gekommen ist und erzogen wurde, wann und warum er seine Heimat verlassen musste, wann und wo und warum er seine berühmte Unterredung mit Oxenstierna[2] gehabt, wie lange er dann noch hierhin und dorthin vom Schicksal getrieben, und wann und wo und unter welchen Umständen er endlich selig im Herrn entschlafen ist.

Nur drei Seminaristinnen haben unter dem Tisch das Buch offen gehabt und alle diese lehrreichen Dinge, zur Betrübnis ihrer Kolleginnen, die den Mut dazu nicht hatten, einfach herausgelesen.

Die neue Glocke, der Stolz der Anstalt, hatte 10 geläutet. Da öffnete sich die Türe der zweiten Seminarklasse des staatlich konzessionierten Privatlehrerinnenseminars Berlin W. mit einer ihr sonst fremden Hast und Energie. Die kleine dürre Vorsteherin des Seminars schob sich hinein. Hinter ihr trippelte der arme bestohlene Professor und wischte sich in Ermangelung seines Rotseidenen mit dem glänzenden Rockärmel den Schweiß von der Stirn. Und wieder hinter dem Herrn Professor, aller galanten Höflichkeit zum Trotz, wankte das ehrwürdige, breitschenkelige Fräulein v. Hemdeltoff, Generalstochter usw. Das Fräulein v. Hemdeltoff war fest entschlossen, in Ohnmacht zu sinken, falls sich das Rotseidene und der Semmelbelag bei einer der angehenden Lehrerinnen finden sollten.

»Meine Damen«, ächzte die kleine Vorsteherin unter der Wucht ihrer Gedanken und erkletterte das Katheder – »ich bitte, keine von Ihnen verlässt das Zimmer.« Dabei tastete sie nach einem Stückchen Kreide, das da ganz harmlos auf dem Kathedertisch lag, und das da – ach! – weit höheren Zwecken hätte dienen sollen, als in ihrer Hand feucht und grau zu werden.

»Meine Damen«, ächzte sie wieder, »ich bin sprachlos! Nicht wahr, Fräulein von Hemdeltoff, wir sind sprachlos – –.«

Die breitschenkelige Generalstochter kniff die Mundwinkel noch fester zusammen als gewöhnlich und nickte. Eine Spannung ohnegleichen verbreitete sich auf den Gesichtern der Seminaristinnen. – Ach, also nun endlich doch einmal eine Abwechslung in der grauen Trübseligkeit des Seminarbesuches, nun endlich doch etwas Sensationelles, das da wie eine Bombe hineinplatzte, in die ewige Theorie ihres Studiums. Vielleicht … o, man kann nicht wissen … es passieren doch so romantische Dinge …

»Es ist nicht auszudenken«, … sagte die Vorsteherin.

Jeder Atem stockte: nicht auszudenken? Was ist das, was sich nicht einmal ausdenken lässt? Wo sind die Grenzen des Gartens der Phantasie? …

»Unser hochverehrter Herr Professor vermisst aus seiner Manteltasche den Belag von seiner Frühstückssemmel und sein rotseidenes Taschentuch. Sie, meine Damen, sind zugleich mit ihm um 9 gekommen, keine andere Klasse hatte in dem Garderobenraum zu tun – – so schrecklich, so widerlich es mir ist, es auszusprechen – der Verdacht des Diebstahls ruht auf Ihrer Klasse.«

Die Wirkung dieser Enthüllung? … Die Spannung, diese so schöne Spannung, die den Mädchengesichtern etwas von einem leuchtenden Frühlingserwarten gegeben hatte, sie schwand – – ein trostlos ratheischender Blick trat in die aufgerissenen Augen. Wenige Seufzer der Entrüstung – im allgemeinen ein träges, staunendes, langsam in sich aufsaugendes Schweigen.

»Es muss uns natürlich vor allem daran liegen, die Schuldige zu ermitteln«, sagte die Vorsteherin. »Und wir werden sie ermitteln, ich werde keine Mühe scheuen, um zum Resultate zu kommen. Sie alle, meine Damen, werden sich einer gründlichen Untersuchung unterziehen müssen. Dazu werden sie sich entkleiden – bis auf das Hemd, meine Damen! Jawohl, das werden sie, damit diese Schmach von meiner Anstalt genommen wird.«

Ein unruhiges Murmeln … und wie sich die Mädchenblicke ineinander bohren und suchen und ans Licht zerren wollen, da wird in manchem Auge ein Misstrauen geboren, das doppelt gemein ist durch die Schnelligkeit seines Entstehens.

»Ich werde Ihnen etwas sagen«, fuhr die kleine ausgemergelte Alte nach einer Pause fort, »Ich gebe Ihnen 5 Minuten Bedenkzeit. Vielleicht erreichen Sie selbst, dass die Schuldige sich meldet und Ihrer Klasse die Beschämung einer Untersuchung erspart. Heraus bekommen wir es doch, wer es ist – also! – Natürlich verlässt keine von Ihnen die Klasse. Wir werden im Konferenzzimmer auf das Resultat warten. Die Fenster bleiben geschlossen.« – – »Ja, und niemand hat zu essen«, fiel ihr noch ein, denn auf diese Weise konnte der gestohlene Belag sehr gut unsichtbar gemacht werden.

Die Türe fiel ins Schloss.

Da sind nun 15 Mädchen im Alter von 17 bis 30, ja bis 30 Jahren, hergeweht von hier und dort, grundverschieden durch Geburt, Anlagen und Verhältnisse.

Eine unsägliche Verwirrung greift Platz. Seufzer, abgerissene Laute, Sätze fliegen hin und wieder, keine von den 15 versteht Ihr eigenes Wort.

Aber Lotte Heilemann, das Klassenbaby, die sich nicht wenig auf ihr Vollblut-Berlinertum einbildet,

148

die ist dem Tumult gewachsen. Plötzlich thronte sie hoch oben auf dem Tisch und schwang drohend ihren Federkasten. »Silentium«, schrie sie in den Knäuel von Stimmen, »Silentium! bei dem Lärm wer'n wa ja allesamt meschugge! Nee, Kinder, sowas – ausziehn solln wa uns! Det is ja jöttlich! Wie findt ihr denn das? Wisst ihr, eine nach die andre von euch kann mal hier uffn Tisch klabastern³ und ihre Meinung abjeben. Da versteht man doch denn wenigstens was. – Wisst ihr, wat ick sage? Ick saje foljendes:« – Babys Stimme wurde flüsternd und dringend: »Die Olle mitsamt die Hemdeltoffen un den dreckigen Professor könn' ma 'n Buckel langrutschen! Wer weess, wer den Belag von die Semmel gefressen hat, und wer seine Nase in det Rotseidene jesteckt hat! So – ick habe geredet – nu lejt ihr los!«

Unter den Wenigen, die über Baby lachten, befand sich »der tolle Hans«. Ihre schlanken kleinen Hände klatschten leise aneinander, ihre große biegsame Gestalt im lichten Wollkleid lehnte sich zurück an die Fensterwand, ihr feines Haar schimmerte rotgold im Licht, und unter den halbgeschlossenen Wimpern zwinkerten die dunkelbernsteinfarbenen Augen. »Sowas habe ich mir lange gewünscht«, sagte sie zu ihrer Nachbarin, der blassen Pastorstochter, die mit gefalteten Händen dasaß und sie entsetzt und ungläubig anstarrte.

Es war öffentliches Geheimnis im Seminar, dass Hanna von Schulendorf nur den Examensdurchfall abwartete, um ihrem Vormund zum Trotz dahin zu gehen, wohin sie gehörte, auf die Bühne.

Die lange, dreißigjährige Schlensius, deren Haut nur aus Sommersprossen zu bestehen schien, und die für halben Preis im Seminar war, begann mit ihrer grämlichen Altjungfernstimme: »Ich weiß gar nicht, wie Sie die Sache auffassen, Fräulein Heilemann – und was für unziemliche, ja unanständige Ausdrücke Sie gegen unsere verehrte Vorsteherin gebrauchen – – ich bin unbedingt für eine genaue Durchsuchung, wie peinlich sie auch für jede einzelne von uns sein mag. Auch mir ist vor einigen Tagen ein Bleistift und eine Federbüchse mit neuen Federn fortgekommen. Wenn so etwas in einem Seminar passiert, das ist allerdings …«

»Na«, raunte Baby dem tollen Hans zu, »Jott sei gelobt, det keen Mann dabei is, wenn die Schlensiussen sich auszieht – heilijes Kanonenrohr, dem verjing der Appetit!« – O, der tolle Hans liebte dies derbe Kind aus dem Volke und lachte so gern über seine Späße!

»O Gott«, flüsterte Konstantia Müller und rang die Hände unter dem Tisch – – sie sah den Entkleidungsakt in erschreckender Deutlichkeit vor sich – sie krümmte sich schon vor den Blicken des Fräulein von Hemdeltoff, wenn sie ihren zweiten Unterrock auszog – nein, nein, das ging nicht …

Konstantia Müller war 26 Jahre alt und Waise und musste lächerlich sparen, um sich das Studium zum Examen zu ermöglichen. Der Billigkeit wegen trug sie im Sommer keine Hosen. »O Gott, o Gott«, zitterte sie, »nur nicht ausziehen!«

Leonie Bernhardt, die weniger ihrer großen schmachtenden Kinderaugen wegen als vielmehr wegen ihrer geradezu verblüffenden Dummheit in wissenschaftlichen Dingen berühmt war, sagte sehr laut und langsam: »Ich zieh mich nich aus, ich stehl nich!« Leonie fühlte aber doch, wie Ihr Herz stärker klopfte. Sie trug nämlich noch ihre letzten beiden Rendez-vous-Briefe auf der Brust, und bei einer genauen Untersuchung … Der Kandidat wollte an der Bülowstraße warten und ihr den fertigen Aufsatz über Octavio Piccolomini[4] zustellen, und der Primaner saß am Nachmittag um 4 in der Telschowschen Konditorei, um ihr die Rechenexempel abzuliefern.

Grete Sonnenberg schluchzte plötzlich auf: »Ich geh in's Wasser, wahrhaftiger Gott!«

Martha Helf schluchzte sofort mit und umschlang die Freundin mit Inbrunst: »Nein, nein, meine einzige süße Greti, das darfst du mir nicht anthun. Wir werden zeigen, dass wir unschuldig sind – wir werden uns ausziehen – sprich doch nur nicht vom Wasser, mein einziges süßes …«

»Pass uff, Hans«, sagte Baby, »nu geht die Ableckerei bei den beiden Frauenzimmern los – als ob die Sonnenberg unterjinge, wenn sie dreist in 'n Kanal spränge! Leute mit so wenig Jrips gehen überhaupt nich unter.«

Die schöne schwermütige Gottfriede von Sand, deren einer Vorfahr einmal Großmeister oder so etwas ähnliches vom Deutschen Orden gewesen war, schloss ihre tiefen, müden Augen und erschauerte: »Ich fasse es nicht«, seufzte sie, »so viel Schmutz gibt es im Leben!« Baby hatte scharfe Ohren – »Dreck, Dreck« verbesserte sie – »Sie wissen doch – mit *die*

Stiebel Fräulein Friedchen auf von und zu … – jeh ick durch den größten Dreck – sagt der Berliner.«

»Wenn ich das meinem Vater erzähl', so kann sich die Alte aber freuen. Erstens verlasse ich sofort das Seminar – ich kann doch für mein Geld gerade so gut wo anders hingehen, wo so etwas nicht passiert – und dann zieht mein Vater auch die Hypothek zurück, die er hier auf dem alten Kasten hat. So leicht bekommt die Alte keine andere – Papa hat sowieso schon gesagt, das ist eine unsichere Sache – sie zahlt nie die Zinsen pünktlich.«

»Wenn ich nur wüsste, wer's getan hat!« flüsterte sie ihrer Freundin Else Voigt zu. »Warum denn nicht? Neulich ist wieder eine bei Wertheim abgefasst – ich glaube sogar, irgend ne ganz Vornehme – die hat Spitzen geklemmt. Papa muss doch immer untersuchen, ob auch vielleicht Kleptomanie vorliegt. Kleptomanie ist riesig interessant! Wenn ich doch nur wüsste, wer's gewesen ist!«

»Kinder«, rief Toni Mann, die mit Vorliebe von dem wundervollen Bau ihres Körpers sprach – »wenn sie's durchaus wollen, zieh ich mich sogar splitternackt aus – ich fühl' mich nackt am wohlsten, da können Sie denn suchen …«

»Ich bitte um Ruhe, meine Damen«, sagte Luise Zimpel und warf Toni Mann einen vernichtenden Blick zu. Auf ihren Backen brannten zwei rote Flecke, ihre kräftige Altstimme vibrierte bedeutend: »Ich denke im Namen der Klasse zu sprechen, wenn ich diejenige, die sich schuldig fühlt, herzlich bitte, die betreffenden Sachen jetzt auf das Katheder zu legen und so uns das Weitere zu ersparen. Wir versprechen dafür, die ganze Sache als einen – allerdings sehr unpassenden – Scherz zu betrachten, den Namen der Betreffenden zu verschweigen, und wir werden versuchen, das Geschehene so bald wie möglich zu vergessen.«

Sie war von ihrem Edelmut so ergriffen, dass ihr zwei schwere Tränen über die roten Flecke rollten.

Wieder trat einen Augenblick interessiertester Spannung ein – selbst die melancholische Gottfriede öffnete ihre Augen unnatürlich weit, in Erwartung dessen, das da kommen sollte …

Und es kam wieder nichts!

»Was meinen denn Sie, Fräulein Sommer? Ich denke, die Sache der ganzen Klasse geht Sie doch auch an«, sagte Agathe Friedrich in herausforderndem Tone zu einem schlanken, bleichen, schwarzäugigen Mädchen, das mit aufgestützten Ellenbogen vor einem aufgeschlagenen Buche saß. Maria Sommer klappte das Buch zu. Ihr Gesicht war eitel Geringschätzung, als sie sich langsam zu ihren Seminargefährtinnen umwandte: »Nein, die Sache der ganzen Klasse geht mich gar nichts an. Ich stehe himmelhoch über all diesem Kleinkram. Man merkt, dass Sie dieses Buch nicht kennen, sonst wäre Ihre Gedankenwelt eine andere.« – Es war ein Band Nietzsche, der vor ihr lag. Man lachte, man stieß sich an, man zuckte die Achseln. »Hab’ Dir man«, brummte Baby, »wenn die mal aus ihren Regionen runterplumpst, dann gibt’s ’n gehörigen Krach.« – – –

Die zweite Seminarklasse blieb ratlos. Aber im Konferenzzimmer wartete das gestrenge Kleeblatt, und die fünf Minuten waren längst vorüber. Was tun? ... Jetzt sprach die lange Schlensius wieder: »Ich bitte zwei Damen mit mir zu gehen und der Vorsteherin Bescheid zu geben – es ist unverantwortlich, sie noch länger warten zu lassen ...«

»Na also, ziehn wir uns aus – ich hab' grad' mein elegantestes Hemd an – die werden Augen machen«, freute sich Toni Mann im stillen, und Konstantia Müllers Haare sträubten sich, und Grete Sonnenberg schluchzte laut auf.

Fräulein Auguste Schlensius, Fräulein Luise Zimpel und Fräulein Helene Arndt zogen ins Konferenzzimmer.

Da stand die kleine gefürchtete Alte mit zusammengezogenen Brauen – neben der Schlensius nahm sie sich aus wie ein i-Tüpfelchen neben einem unvernünftig langen Ausrufungszeichen.

Die Schlensius berichtete von dem Verluste, den sie vor drei Tagen gehabt hatte – 2 Dtz.[5] ganz neue Federn – und bat um strenge Untersuchung.

Luise Zimpel berichtete, dass trotz ihrer eindringlichen Mahnungen die Schuldige sich nicht gemeldet habe und unterwarf sich dem erleuchteten Geiste ihrer Vorgesetzten, der eine Untersuchung bis aufs Hemd für gut erfand.

Helene Arndt sagte: »Ich bitte, Fräulein X ..., ich komm' morgen nicht mehr ins Seminar – mein Papa hat sehr strenge Ansichten. Und ausziehen tu' ich mich auch nicht.« Die beiden andern waren so verblüfft, dass sie den Mund aufsperrten, das Fräulein v. Hemdeltoff fing an, nervös zu zittern – die dürre Vor-

154

steherin aber warf sich, wie von plötzlichem Waden-
krampf befallen, in ihren ledernen Thronsessel und
starrte die letzte Sprecherin einen Augenblick fas-
sungslos an. Aber dann kam Leben in sie: »Nein,
nein«, stotterte sie, »wenn Sie nicht wollen, ich kann
und werde Sie natürlich nicht zwingen sich auszuzie-
hen, ich dachte nur – – – aber nein, wenn Sie nicht …
es liegt mir daran … Sie müssen doch nicht denken,
dass ich … ich traue doch keiner einzigen von Ihnen
zu, dass sie … ich bitte Sie … wir werden uns doch
deshalb nicht … wo Ihr Herr Vater ein so langjähri-
ger, treuer Freund meiner Anstalt … nein, nein, Sie
müssen doch nicht glauben …«

Und sie reichte Helene Arndt herzlich und gerührt
die Rechte.

Die Untersuchung in der zweiten Seminarklasse des
staatlich konzessionierten Privatlehrerinnenseminars
in Berlin unterblieb, zum großen Leidwesen des
Fräulein Auguste Schlensius und zur aufrichtigen
Betrübnis des Fräulein Antonie Mann.

Baby wollte nach einigen Tagen aus zuverlässiger
Quelle wissen, dass der Herr Gesangprofessor noch
nie Belag auf der Frühstücksemmel gehabt habe.

Das Rotseidene aber – behauptete sie – habe er
nicht, wie er versichert, in den Überzieher, sondern in
die Hosentasche gesteckt, von wo aus es durch eine
zerrissene Naht in tiefere Gegenden geschlüpft und
erst in später Abendstunde von seinem Herrn mit
einem Jubeljuchzer ans Lampenlicht gefördert worden sei.

1 Amos Comenius (1592-1670), tschechischer Philosoph und Pädagoge
2 Axel Oxenstierna (1583-1654), schwedischer Reichskanzler
3 schwerfällig gehen
4 Figur aus Schillers Wallenstein-Trilogie
5 Dutzend

Aus: Berliner Leben, Ausgabe 3, 1900, Heft 4, S. 69f.

Zwischen Rock und Hose

Ich treffe meinen Freund Justav, mit dem ich gemeinsam die Schulbank gedrückt habe.

»Ick hab' mir 'ne Mühle jekooft«, sagt er.

»Nanu, willst du Maler werden?«

»Nee, Wochendler!«

»In der Mühle?«

»Ja, komm mit! Fabelhaft, sag' ick dir! Dieser Blick … diese Ruhe, diese jute Luft … Es jibt Ananasbowle …«

»Schön.«

»Abjemacht. Treffpunkt morjen, Sonnab'nd, 13.25 Uhr Möckernbrücke! Militärisch pünktlich. Du weeßt, de Pünktlichkeit is de einzije Berliner Untugend …«

»13 Uhr fünfundzwant – zig!«

»Schön … Wiedersehen!«

Mein Freund Justav ist einer der wenigen lebenden Giganten der heldenhaften Vorzeit, die drei Liter Sektbowle verschlucken können ohne Schaden an Leib und Seele. Außer der militärischen Pünktlichkeit hat er von seinem Vater 72 Bowlenrezepte geerbt. Und einen unglaublichen Dusel! – Weiß Gott! Fährt zum Beispiel nach Monte Carlo, wo allen anderen Mitteleuropäern das Fell über die Ohren gezogen wird. Justav hält stand. Fährt im Frühling rüber … gewinnt … kauft sich'n Motorrad … fährt im Herbst rüber … gewinnt … kauft sich noch'n Motorrad … sagt: Danke schön … Wiedersehn! Fährt nächsten

Mai noch mal … kommt zurück, kauft sich 'ne Mühle …

Fa --- bel --- haft!

Ich fragte ihn mal, ob er'n System hätte.

»Nee«, sagte er und grinste mich an, »System nich
jrade, bloß so'n kleenen Aberjlauben … Ick nehm'
'nen kleenet Mä'chen mit … aba det is 'ne intime Anje-
lejenheit, det ka'ck nich varaten … is aba unfehlbar!«

Sonnabend, Möckernbrücke, 13 Uhr 20.

Möckernbrücke ist eine sympathische Gegend.
Sieht so provisorisch aus …

Und da kommt auch schon Freund Justav angerat-
tert. Er ist einer der wenigen noch lebenden Giganten
der heldenhaften Vorzeit, die Kragenweite 46, Tail-
lenweite 170 und Wadenweite 68 ½ haben. Macht sich
prunkvoll in den Strümpfen mit dem bunten Zick-
zackmuster … Fährt wie'n Deubel. Hinter ihm 'n
blondes Berliner Mä'chen. »Matschakerl[1] hinten
drauf pappt … wie sie in Wien sagen …«

»Det is also Maxe«, stellt Justav vor, »und nu man
dalli, schwing' dir hinten ruff. Ick fahr' zu, ick will de
Bowle ansetzen.«

Richtig, da kommt die zweite Wochenkutsche.
Blondes Berliner Mä'chen im Führersitz. Lacht mit
allen 48 Zähnen. Ich also papp' mich als Matschakerl
hinten drauf. Sie schmeißt mir einen Samtblick in die
Augen und einen bayerischen Rucksack auf die
Hosen.

»Gestatten«, sage ich und halte mich bloß so'n bisschen an den Hüften fest … Den Riemen von dem

Rucksack hab ich ums linke Handgelenk gehängt. Mir ist immer, als ob sich da drin was bewegt … und es is so warm auf den Knien …

Nun geht das also los … Wir bullern bloß so davon.

Wir schwanken mal nach rechts, mal nach links, wie das ja jetzt bei uns in Deutschland so is … Der Rucksack kullert hin und her. Ich halt' mich inniger an der Vorderfront fest.

Am Kurfürstendamm steht'n Bananenmann.

»Stopp«, sagt Frl. Bellevue, »wir wollen noch Bananen mitnehmen.«

»Stück zwanzig«, sagt der Bananenmann.

Ich will zahlen.

»Was?«, schreit meine Begleiterin, »wenn ick zehn nehme, müssen se doch'n Jroschen billijer sein.«

»Aba meene Dame«, sagt der Bananenmann mit einem vorwurfsvollen Blick auf die Matschkerlkutsche, »det is nu jrad der Jroschen, den ick daran verdiene. Und den woll'n Se mir nu ooch noch abhandeln?«

»Soll ick Ihnen det jlooben?«

»Da broochen Se det Ooje jar nich so zuzukneifen, meene Dame. Det könn'n Se mir ruhich jlooben, ick schwör' Ihnen, ick hab' heut' noch keen Wort jeschwindelt.«

Ich zahle, die Bananen werden in den Rucksack gestopft.

Dieser Rucksack ist mir durchaus nicht klar. Er bleibt warm und bewegt sich.

Wir rasen weiter … die Avusbahn² entlang … ins Grüne … oder besser ins Rotbraune …

Die Unterhaltung ist schwierig bei dem Tempo.

»Der Herbst ist eine schöne Jahreszeit«, schrei' ich.

»Jawoll, saftich!«, tönt es nach rückwärts.

Rechts und links Wald.

Die Brücken donnern unter uns, die Blätter lachen unverschämt hinter uns her.

Ich denke über Justavs kleinen Aberglauben nach. Und dann wird's mir so merkwürdig warm auf den Knien, und es rieselt etwas an meinen Beinen entlang …

»Fräulein«, brüll' ich, »da ist etwas ausgelaufen in dem Rucksack.«

»Nee«, brüllt es zurück, »det is die Hose …«

»Na erlauben Sie mal«, ächze ich.

Die Karre steht.

»Ich bin ganz nass«, sage ich vorwurfsvoll.

»Es is die Hose«, lacht Fräulein Bellevue, »det Tempo verträgt sie nicht, die muss sich doch die Mäuse in der Mühle fangen …«

Ich sehe noch dümmer aus.

»Na, kennen Sie denn unsere Viecher nicht? *Rock* und *Hose*? Den Rock hat de Emma oben in dem Korb … Komische Namen, nicht! Aba Justav muss wat Besonderes haben. Det ist so sein Stil.« ---

»Wenn Sie mir das bloß vorher gesagt hätten, Fräulein, ich komm' ja bei mir selber in schlechten Geruch … und denn bei dem Wind, da ist es nicht angenehm an den Beinen.«

»Det verjeht wieda«, tröstet sie, »wir können Sie ja draußen een bisken unter de Plumpe halten …«

Nu sag' ich aber gar nichts mehr.

Herbstschauer an den Waden.

Hose wird wieder in den Rucksack gesteckt. Schlanke Beine schwingen sich vor mir auf den Sitz …

Wir fahren einen kleinen sanften Hügel hinauf. Elegant um die Ecke … eine kleine Obstallee entlang. Da kommt was zum Vorschein. Unsere Kutsche steht. »Nanu, was ist denn das?«, sage ich … »Det is doch die Mühle«, sagt sie …

»Ich dachte, es wär ein Kaffernkraal«³ ---

Und da steht Justav auch schon und winkt mit'm Bowlenlöffel.

»Is doch schön, wat?«, freut er sich. »Wir ha'm der Mühle bloß'n bisken die Flüjel jestutzt, damit se nich davonfliejt, weil's hier oben imma so zieht. Ihr kommt aba spät, ihr habt wohl noch unterwegs 'ne Partie Billard jespielt, wat!«

Fräulein Bellevue sieht mich verheißend an. Hose, befreit vom Zwang der dunklen Enge, verschwindet im Buschwerk.

«Is das nu nich wirklich ideal?«, fragt Justav, als wir auf allen Vieren durch den niedrigen Eingang in die Mühle kriechen … »Diese jute Luft … und überhaupt? Ick hab' den Eingang bloß'n bisken zumauern lassen, weil's drinnen sonst ooch zieht …«

Wir sitzen in einem dunklen, sonderbaren Raum.

Die beiden kühlen Blonden decken einen umfangreichen Tisch. Riesenhafte Gläser tauchen auf … die Bananen thronen in einer Suppenschüssel.

»Pfüpfüfü-üah«, pfeift Justav. Da springt etwas auf den Stuhl neben mir. Ein schwarzes, kleines Biest, mit ungeheurem Kopf, weißer Hemdbrust, dicken Pfoten und einem dollen Ringelschwanz …

»Det is Rock«, stellt Justav vor, »er hat'n ersten Preis bekommen …«

»Nanu?«, wage ich zu zweifeln.

»Ja«, sagt Justav, »er hat nämlich die meisten Väter jehabt.«

Fräulein Bellevue holt den umfangreichen Bowlentopf aus braunem Ton von draußen. Ich bin glücklich, dass sie nicht an die Pumpe denkt.

»Na, sowat«, staunt mein Freund und fischt mit dem Bowlenlöffel einen dunklen Gegenstand aus dem Topf. »Da hat de Hose schon wieder'n Mäusken jefangen.«

»Das soll se doch aber nich in de Bowle schmeißen« ereifert sich das ältere der Mädchen.

»Aba det kann se ja eben erst rinjeschmissen haben«, sagt Justav und füllt die Gläser. Ich bekomme den Ehrenplatz zwischen Rock und Hose. Mir gegenüber sitzt Fräulein Bellevue und lächelt mich huldreich an.

Ein kleiner Ofen überschüttet uns mit feurigen Liebkosungen, durch die Fensterritzen springt der eisige Nordost uns an. Die Bowle ist umfangreich genug, um bis Mitternacht durchzuhalten. »Ja, ziehen tut's«, sagt Justav, »aba das macht nischt. Da jibt's übrigens 'ne Anekdote, die hierher jehört: Da saßen mal drei Herren uff'm Lloyddampfer, tipp topp von oben bis unten. Und 'ne andre Jesellschaft uff'm Schiff wettete, was das für Landsmänner wären. Die einen sagten:

Engländer – weil sie jegähnt hatten, als die Musik einsetzte … die anderen sagten: Franzosen – weil sie inglisch spokten, wie die Franzosen spieken, wenn sie nobel sein wollen, die dritten sagten: Spanier – weil sie sich bekreuzigt hatten, als die ältliche Stewardesse vorbeilatschte. Da zog der eine der drei Herren die Schultern hoch und sagte: *It draws … es zieht …*

Und da wusste die andre Jesellschaft, dass det Berliner waren. Bei den jibt's imma irjendwo'n Zuch. Und wenn's bloß der Zuch von det Herze is … Na Prost …«

Ja, Justav is'n doller Lebenskünstler. So zwischen Rock und Hose fließt sein Dasein hin in wunderbarer Harmonie und in einem ganz besonderen Stil …

Vielleicht verrät er mir doch noch einmal seinen kleinen Aberglauben …

Dann fahre ich nach Monte …

---

1 bayerische Bezeichnung für die Geliebte
2 Die AVUS (Automobil-Verkehrs- und Übungsstraße) war 1921 die erste ausschließliche Autostraße der Welt. Sie liegt im Südwesten Berlins.
3 »Kraal«: kreisförmige Siedlung, vor allem im südlichen Afrika; »Kaffer«: jiddisch für Dörfler, dummer Kerl, seit dem 18. Jahrhundert verwendetes Schimpfwort, im 20. Jahrhundert zunehmend gegenüber der indigenen Bevölkerung verwendet.

Das Himmels-Cabaret

»Wie«, sagte Emanuel Lautenreißer und blähte seine Nasenflügel und sah sich verächtlich in dem kleinen Bureauraum vor der Himmelsmauer um – »wie? Sie haben nicht einmal moderne Plakate an den Wänden?

Diese heilige Cäcilie[1] da oben ist eine völlig überwundene Sache – ebenso diese Murillo-Madonna![2] Wer hängt sich denn heutzutage eine heilige Cäcilie und eine Murillo-Madonna an die Wand? Um Himmelswillen, Mann, gehen Sie doch mit der Zeit mit!

Plakate, Plakate, Plakate. Höchstens noch Karikaturen. Sie müssen doch wahrhaftig hier oben Gelegenheit genug zu Karikaturen haben. – Übrigens, ich kann Ihnen da einen ganz famosen Zeichner empfehlen, ehemaliger Freund von mir. Vielleicht notieren sie seine Adresse«, und er beschrieb mit dem Arm einen genialen Bogen, um sein Notizbuch aus der Westentasche zu ziehen.

Petrus machte eine abwehrende Bewegung. »Wir wollen doch mal lieber erst das Geschäftliche erledigen – das gibt sonst Konfusion« – sagte er.

»Bah – geschäftlich …« hauchte der Dichter und zuckte die schmalen Schultern. »Ist die Kunst nicht mehr wert als die Geschäfte? Evviva l'arte ed amore![3] Das war mein Lebensmotto. Ich glaube auch nicht, dass ich jetzt hier wäre, wenn ich ein anderes gehabt hätte. Das soll auch mein Paradiesmotto sein.«

»Abwarten«, brummte Petrus. »Sie heißen …?«

»Sie heißen …« wiederholte der junge Mann verwirrt und wäre beinahe noch um ein Beträchtliches blasser geworden – – »ja mein Gott, wenn man hier oben nicht einmal meinen Namen kennt … Da verliere ich ja ganz die richtige Wertung dieses – dieses – Landes – haben sie denn gar keine Verbindung, Telephon oder so etwas – mit meinem Verleger? Mein Freund, von dem ich Ihnen vorhin sprach, hat meine beiden Gedichtbände ausgestattet. Sie haben Aufsehen erregt, sage ich Ihnen. Man veranstaltete extra ihretwegen einen Abend in Schweinfurt, und man widmete ihnen zwei Spalten im Inowrazlawer[4] Sonntagsblatt. Und eine Gräfin sandte mir ihr Bild – o ein göttliches Bild – mit einer Unterschrift …

Hah, zufällig habe ich sogar die beiden Bücher, die Kritik und die Photographie bei mir, wenn ich mir vielleicht gestatten darf …?«

Der Himmelshausmeister hatte bereits eine gute Weile mit dem großen Zeh gegen seine Fußbank geklappt. (Nanu, jetzt im Dezember ein Gewitter, staunten die Erdenleute und glaubten sich verhört zu haben.) »Ja, ja, ja, ja«, sagte er jetzt, und es war unmöglich, den Ton seiner Stimme bedingungslos höflich zu nennen, »da draußen warten schon wieder welche, ich habe keine Zeit – Ihr Name, Herr, zum Kuckuck, Ihr Name! Sonst scheren Sie sich zum Teufel!«

Das wirkte. Es lag Emanuel Lautenreißer daran, in den Himmel zu kommen, denn von der Hölle hatten sich in den maßgebenden Jahren seines Lebens die Maler und Dichter und Musici so viel peinlich Langweiliges erzählt, dass sie wirklich nur noch für Charlottenburger Tertianer und Schwiebuser Tuchfabrikanten von gewissem Interesse sein konnte. Der Himmel indessen wies noch so manchen dunklen Punkt auf, den zu erleuchten ...

»O bitte, bitte, bitte sehr – Lau-Lauten-reißer«, stotterte er bestürzt.

»Lautenreißer«, notierte Petrus.

»Beruf?« fragte er dann und zog die gewaltigen Brauen kategorisch zusammen.

»O bitte sehr, wie ich bereits sagte – Dichter.«

»Ach so – woran zu Grunde gegangen?«

»Zu Grunde ...?«

Nun ist es leider im Himmel unmöglich, zu lügen, selbst wenn man die besten Absichten hat – das hatte Emanuel Lautenreißer schon zuvor gemerkt, als er hinzufügen wollte, dass seine Gedichte ein fürstliches Haupt verwirrt hätten.

»Suff – Suff – –« musste er ich jetzt seufzen.

»Suff, Suff«, notierte Petrus.

»Und wie denken Sie sich die Sache hier oben – danach wird sich nämlich Ihre Stellung richten.«

»O, o, danach wird sich nämlich meine Stellung richten! So ist also doch wahr, was man uns auf den Schulbänken einpfropft, dass es hier keine Wünsche ohne Erfüllung gibt? Dann ist mir geholfen. Wünschen kann ich! O Ihr Freunde da unten, die Ihr am Hungertuche saugt, die Ihr eine Morris für eine Extravaganz und eine Gänseleberpastete für das Himmelreich haltet, mein Glück ist gemacht.

Nicht wahr, Sie haben noch kein Cabaret hier oben? – Unnütze Frage! Wie könnten Sie ein Cabaret haben – ich wüsste niemand, der vor mir diesen –

übrigens nicht uninteressanten und künstlerisch entschieden zu verwerfenden – Weg gemacht hätte, der fähig wäre, ein Himmels-Cabaret zu gründen.

A propos, haben Sie Verlaine hier? Und wie benimmt er sich? Was für eine Stellung bekleidet er? Bekommt er Absinth? Und umsonst? Der ist nämlich der Erste, den ich für das Cabaret gewinnen werde – er soll sozusagen der Schwerpunkt des ganzen sein – – «

»Ich bin nicht verpflichtet, Ihnen darüber Auskunft zu geben – bleiben wir bei der Sache«, sagte Petrus, »was soll es mit Cabaret?«

»Cabaret, Cabaret! Mit Cabaret?« – Emanuel Lautenreisser jauchzte, dass die beiden grauvioletten Enden seiner commencement du siècle[5]-Krawatte verstört auseinander flackerten, und seine Augen glühten von nun an wie zwei seltsam dunkle Amethyste, »so bin ich also erst berufen, die Erlösungsfrage in das sogenannte Paradies zu tragen – so werde ich Euch zeigen, Euch Allen, die Ihr hier die Jahrtausende verbringt in Langerweile und falschem Pathos, wie der moderne Mensch das Weltall packt, wie er Sonne, Mond und Sterne, Propheten, Apostel und Heilige sich dienstbar macht.

Welch’ ein Feld für mich!

Hören Sie, Verehrtester, hören Sie! Das Hohelied Salomonis werde ich von Johann Strauss komponieren und von der göttlichen Malibran[6] singen lassen. Die Dirnenlieder von Hans Hanebüchen werde ich mit Bachschen Fugen begleiten lassen – ich werde alte Buß-Choräle in Jubelmelodien sperren, ich werde die Sonne mit Schubertschen Wiegenliedern grüßen, ich werde Parodien auf Euer Paradies schreiben, ich werde das Cabaret ausstatten mit den Masken von Moses und den Propheten – ausgenommen Jeremias, dessen jämmerliche Tiraden mir unsympathisch sind. Moses und die Propheten! Und Mirjam – versteht sich, denn sehen Sie, solch lautenschlagendes Frauenzimmer füllt das Haus mehr als elf Propheten. Ich werde den König David um ein Gastspiel bitten – er wird seine selbst gedichteten Psalmen, aber nur diese – singen. Lortzing kann sie ihm in schneidige Takte binden.«

»Ich werde – Sie werden – es wird – –«. Petrus hatten sich sein grauer Bart und etliche seiner anderen Haare gesträubt.

»Was ist denn nun das wieder«, murmelte er entsetzt. »Sagte nicht schon mein seliger Großvater, der alte Fischer Lewysohn, meschugge sei ein Unglück?« – Sprach's und schlug das Himmelsbuch zu und ging direkt in das Schlafzimmer des lieben Gottes, was er nur bei ganz außerordentlichen Gelegenheiten that, um seinen Ruf als selbständiger Hausmeister nicht zu beflecken.

»Herr«, sagte er und hielt seine beiden ehrlichen Apostelhände an das träumende Apostelhaupt – »Herr, da draußen ist ein Mensch, der in den Himmel will, der redet dir einen Stoß zusammen …«

»Er sagt«, fuhr er fort, »dass es hier bei uns nicht so weiter geht. Es fehlt uns etwas. Der David soll Walzer tanzen.«

»Ich weiß schon, um wen es sich da handelt«, sagte der liebe Gott, »den lass nur ruhig herein, Petrus.«

»O Herr!«, jammerte Petrus, »ich denke, das wird ärger, viel ärger werden als damals, wo die Landsknechte hier heraufkamen, und Du weißt, wie sich da der Sachs schon über uns lustig gemacht hat.

Und was haben denn die gethan, die Landsknechte? Ein bisschen Radau gemacht haben sie, ein bisschen Skat gespielt haben sie, ein bisschen geflucht haben sie, ein bisschen getrunken haben sie – – – aber was will das Alles sagen gegen diesen Malefizdichter, der es fertig bekommt, Dich und mich und unser ganzes wohldurchdachtes Paradies auf den Kopf zu stellen!«

Da sah der liebe Gott den Petrus an und sagte, ohne dass ein Phonograph oder ein Reporter seine Worte auffing: »Petrus, hab' ich dich im See Genezareth untergehen lassen? Du weißt immer noch nicht Bescheid. Sieh mal, es war auf der Erde der einzige Ehrgeiz Emanuel Lautenreißers, ein Cabaret zu gründen. Ein Cabaret, das ist in kleinem Stile, was das Chaos vor uns im großen war.«

»Na siehst Du, also Revolution, Durcheinander im Himmel …«

»Pst, Alter, das verstehst Du nicht, Du weißt nicht, wie ich die Dichtergehirne konstruiere. Das war nun auf der Erde so: Als es noch Menschen gab, die an solchem kleinen Chaos Vergnügen fanden, da kam der Lautenreißer vor lauter großen, titulierten Herren gar nicht dazu, mitzutun. Und als endlich die titulierten Herren flöten gingen, da gab es auch schon keine Menschen mehr, die an solchem kleinen Chaos Vergnügen fanden. Deshalb muss er herein, der Lautenreißer. Lass ihn ruhig sein Cabaret gründen und sei unbesorgt – es wird den Rummel selber bald genug satt haben.« –

Damit drückte der liebe Gott auf einen elektrischen Knopf zu Häupten seines Bettes, und die Himmelstür, die neuerdings übrigens mit einem Drehkreuz versehen ist, öffnete sich.

Da ging nun Emanuel Lautenreißer in der großen Himmelsallee und ließ die schweren goldenen Palmenwedel auf sich herniedernicken und baute sein Programm fürs Cabaret. Viele wundervoll selige Frauen schwebten an ihm vorüber. Er aber sah sie nur, wie man einen Chor kleiner Statistinnen sieht, deren Gage knapp und deren Sehnsucht weit ist. Sein Poetengeist flog seiner kleinen Gestalt, die auch im Himmel um nichts imposanter geworden war, voraus bis in den goldenen Thronsaal, in dem die Cherubim und die Seraphim Wache halten. Und er empfand schon die Seligkeit, wenn nun die Cherubim und die Seraphim ihn lächelnd vorüberlassen würden bis zu der purpurnen Mantelherrlichkeit des lieben Gottes.

Da würde er dann stehen, den Blick vielleicht gesenkt vor der demantenen Fülle des Lichtes, aber doch in edler, menschenwürdiger Pose. Und da würde er sagen, und all' die Cherubim und Seraphim würden ihm lauschen: »Herr, Du weißt, wie ich mit Dir stehe! Es ist Verleumdung, wenn man von uns modernen Dichtern behauptet, wir wüssten nichts von Dir. Herr, so mache nun das Maß Deiner Güte voll und gib ein Gastspiel in meinem Cabaret!«

1 Gemälde von Peter Paul Rubens (1577-1640)
2 Gemälde von Bartolomé Esteban Murillo (1618-1682)
3 (italienisch): Es lebe die Kunst und die Liebe!
4 Inowroclaw: Stadt in Polen
5 (frz.) Beginn des Jahrhunderts
6 Maria Malibran (1808-1836), französische Opernsängerin

Aus: Bühne und Brettl Nr. 10, 25.5.1903, S. 2-5

Das Jägerhaus an der Brücke

Jede Behausung ist erfüllt von dem Geiste, dem sie Obdach gibt.

Die Höhle, die in den Felsen hineinkriecht, weiß um den Sinn des Raubtieres, das sie mit Gier nach Blut und Mord durchdünstet. Von ihren Wänden tropfen seine Nachtgedanken.

Des Menschen Heim ist seine Heimlichkeit. Es ist die Schale, in die er selber den Kern seines Wesens zu legen hat. Wer keines Heims begehrt, belegt sich selber mit dem Fluch Ahasvers[1] und kreist um seinen eigenen Kern herum, ohne ihn zu erkennen.

Nun gibt es aber Menschen, die immer wieder ihr Heim umformen und gestalten müssen, weil ihr Wesen unter der Schöpferhand des Lebens sich zwangsläufig wandeln und gestalten muss. Ich bin mir lange klar darüber, dass ich in dem Augenblick, wo ich mich innerlich von einem Menschen lossage, auch die Gegenstände und Geräte, zwischen denen man gelebt habe, für mich überflüssig werden und in ihrer Arroganz der ewigen Erinnerung peinlich und aufdringlich wirken, also die feinsten Regeln der Gleichgewichtserhaltung verletzen.

Seit jenem Karnevalsabend, als ich Wolf Dohrn[2] tanzen sah mit der schönen Tilla Chateau, als ich aus der großen Freude und Anmut ihre rhythmischen Verschlingungen entnehmen zu müssen glaubte, dass das wankelmütige Herz meines Freundes ihr gehörte, seit jenem Abend weiß ich, dass meines Bleibens nicht mehr sein kann in der kleinen Wohnung in der Ain-millerstraße[3]. Ich weiß, dass ich nicht mehr Ruhe finden werde in dem breiten Bett mit der wollüstigen Diagonale, zwischen den so reich bestickten russischen Vorhängen von Mama Dohrn und ihren bunten einladenden Diwankissen.

Müde geworden bin ich der Arbeit an diesem Manne, dessen Seele sich mir verschließt, der die Proportionen Bismarcks hat, aber die Flatterhaftigkeit eines lyrischen Tenors. Müde bin ich auch geworden der inhaltsarmen Freundlichkeiten seiner Mutter, müde der Worte, die da schön klingen und doch keine Melodien bilden.

Es treibt mich umher. Ich suche und weiß nicht was. Ich gerate schließlich wieder in jenen Zustand völliger Leere und Gleichgültigkeit hinein, durch den in uns Raum geschaffen wird für neue Geister, die sich Heim und Wohnung bauen wollen.

An einem enzianblauen Frühlingstage werfe ich mich einen Vorortzug in die Arme. Er spuckt mich auch an seiner Endstation Dachau aus.

Ich kenne Dachau[4] flüchtig. Markt und Schloss lasse ich links liegen und wandere einen silberbuschigen Pfad an der munteren Amper[5] entlang. Sonnenbruder[6] räkelt sich träge auf dem Moor. Ich bin so müde, dass ich ohne Schmerz hinüberfließen könnte in die Unendlichkeit. Noch nehme ich gefällige Bogen einer hölzernen Brücke in mich auf. Ich bemerke, dass die Wasser des Flusses das Ufer hier unterwühlt haben. Eine kleine Insel ist gebildet worden, zu der man, von Stein zu Stein gleitend, ohne nasse Füße durch seichtes Abwasser gelangen kann. Auf dieser Zwerginsel gerate ich in eine moosige Mulde hinein, die die Form einer Wiege hat. Sie ist überschattet von blühenden Weidenzweigen. Hier falle ich in einen köstlichen Frühlingsgenesungsschlaf. Ein kurzer Traum von einer duftenden Ananas durchweht ihn.

Als ich erwache, ist Sonnenbruder ohne mich schon ein Stücklein weiter gewandert. Dicht hinter mir, über die Uferstauden vorlugend, steht ein rötliches Dach. Ich kann mich nicht erinnern, es vorher gesehen zu haben. Aber an Märchen ja gewöhnt und ihnen noch immer gläubig verpflichtet, gehe ich, die Wasser überhüpfend, darauf zu. Ich finde ein einfaches Landhaus. Das mächtige Geweih über der Haustür verrät die Behausung eines Jägers.

Schalkhaft offen steht die Pforte. Sie sagt: »Nun also, Margrittchen!«

Ein paar Stufen tragen mich in das Innere des Hauses. Mittägliche Stille auch hier. Mehrere Türen münden in den Vorflur. Nach kurzem Klopfen öffne ich die eine von ihnen und bleibe atemlos auf der Schwelle stehen. Vor mir, angelehnt an eine große bäurische Truhe, sitzt ein junges Weib. Madonnenhaft, blond. Ihre Schultern sind entblößt. An den weißen Brüsten hängen saugend zwei Wesen, ein winziges Menschenkind und ein junger Hund mit bräunlichen Fell. Die Frau erschrickt durchaus nicht, als sie mich sieht. Sie lächelt, scheint soeben aufgewacht zu sein. Sie macht auch keinerlei Anstalt, den Vierfüßler zu verbergen. Sie sagt: »Kommen's nur herein, ich bin gerad' beschäftigt. Ich lass das Junge mittrinken, weil die Mutter es nicht mehr unterbringen kann. Damit's nicht eingeht!«

Mir werden die Augen feucht bei dieser sanften Erklärung. Fast fühle ich es wie Scham in mir, dass ich die heilige und erhaltende Liebeshandlung störe. Ich murmle Entschuldigungen, die Frau übt weiter unbeirrt letzte Menschlichkeit an den beiden kleinen, hilflosen Tierchen, die ihrer bedürfen.

Leise gibt sie mir dann Auskunft über das, was ich zu wissen wünsche. O ja, zwei Zimmer sind in dem Haus zu haben, ein kleiner Schlafraum und ein Atelier. Am nahen ersten April zieht der jetzige Mieter aus. Die beiden Räume kosten monatlich 12 Mark. Die notwendigsten Möbel sind da, ein Bett, ein Kleiderkasten, ein Waschtisch …

Wir sprechen leise und andächtig miteinander. Unsere Stimmen küssen sich, warme Welle fraulichen Verstehens flutet von mir zu ihr.

Als die beiden Leben, satt wie Blutegel, von ihr abfallen, legt sie zuerst das Kind ins Bett. Den kleinen Hund aber behält sie auch dabei im Arm. Er braucht ja dauernd ihre Körperwärme. Sie traut sich nicht, ihn der Hündin hinzulegen. Tiere sind sonderbar und abergläubisch. Sie verleugnen gern ihre Brut, wenn der Mensch sich ihrer angenommen hat. Die Hündin ist durch den überreichen Wurf so geschwächt, dass sie das kleine Tier vielleicht tötet. Das soll aber nicht sein.

Mir wird es sommerwarm ums Herz. Was für schlichte und weise Erkenntnis, was für selbstverständliche Sorgfalt!

Ich sehe mir die beiden Zimmer im ersten Stock an. Sie sehen sehr liederlich aus. Schriften, Baupläne, Kleidungsstücke liegen herum. Als ich mich nach dem Mieter erkundige, erfahre ich, dass es ein Baron von Gumppenberg ist, ein Hofbeamter, der sein Vermögen in Terrainspekulationen im Herzogpark verloren hat. Deshalb lebt er hier, verärgert und zurückgezogen. Er will es so liederlich haben. So fühlt er sich wohl. Man darf ihn nicht stören. Darf auch nicht aufräumen. Wenn ich aber die Zimmer nehmen will, so werden sie sauber und wohnlich hergerichtet werden. Im Erdgeschoss ist auch ein Bad, das benutzt werden kann. Dies entscheidet. Schließlich kann man für Sauberkeit in den Zimmern selber sorgen. Das Atelierfenster gibt Ausblick auf den leise schon ergrünenden Uferwald und eine Moorwiese, auf der Kiefern stehen, wie Pinien, ihre Nadelbüschel in den Himmel streckend.

Ich greife also die Gelegenheit beim Schopf und gebe Angeld [7].

Mit ist, als habe ich diese blonde Försterin schon jahrelang gekannt. Ihr geht es ebenso mit mir. Wie Schwestern gehen wir zusammen in den Ziegenstall. Ich halte das Hündchen im Ausschnitt meiner Bluse warm, während sie die Ziege melkt.

Mit göttlichem Appetit verleibe ich mir Milch und Butterbrot ein. Bezahlung dafür wird nicht angenommen.

Nach vierzehn Tagen schon ziehe ich ein, mit meinen Büchern und wenigen Habseligkeiten. Bum und Zottelkopf, die beiden immer getreuen Cicisbés [8], müssen Möbel und Geräte an die Geheimrätin Dohrn zurückgeben mit schönstem Dank und Gruß. Sie ordnen alles mit der Münchner Wohnung. Es ist so schön, dass man sich auf sie verlassen kann.

Niemand weiß, wohin ich verschwunden bin. Post bleibt auf dem Postamt liegen. Sogar auf der »Jugend«[9] halte ich die neue Adresse wochenlang geheim. Herrlich wohltuend ist das Gefühl der Unerreichbarkeit.

Nun heißt es, das kleine neue Heim meinen bescheidenen Wünschen anzupassen. Das neu geweißte Atelier beziehe ich in halber Höhe mit goldgelbem Rupfen. Der magere Mann der Försterin, ein rotbärtiger gefälliger Mann, setzt seinen Ehrgeiz darein, mir kleine Bretter zu zimmern als Abschluss über dem Rupfen. Da kein Bücherschrank vorhanden ist, werden es sich meine gedruckten Freunde, von denen ja jeder ein besonderes Erlebnis ist, dort oben wohl sein lassen. Weiße Vorhänge aus billigstem Nessel werden mit breiter Borte von goldenem Satin verziert. Zwischen ihnen steht auf breitem Fenstersims als einziger Luxusgegenstand ein großer rötlicher Tonkrug in antiker Pokalform, in dem nun immer Kiefernzweige sich mir entgegenneigen werden.

Nach meiner Angabe und Zeichnung zimmert mir der Förster auch ein niedriges Gestell, wie ich es bei Yolla gesehen habe. Eine dicke billige Matratze aus Seegras und zwei große Rückenkissen liefert der anspruchslose Tapezierer in Dachau. Dieses Philosophenlager wird mit einer veilchenblauen Decke bekleidet, die warm und schön gegen das Altgold steht.

177

Ein Arbeitstisch, niedriger Teehocker und ein einfacher Stuhl, und ein Raum ist geschaffen, in dem Harmonie und Ruhe ist, in dem Sinn ist für den Sinn des Lebens.

Wieder konstatiere ich, dass die Dinge ganz von selber zu mir gekommen sind, ergeben und gehorsam, wie sie immer zu Menschen kommen, die den einfachen Glauben an sie haben, den Glauben an das nahe Ziel. Dieses Glaubens wegen werden wir Frauen besonders von den Männern geschätzt, denen das weite Ziel meistens das nahe überstolpert.

In diesem meinem nunmehr sechsten eigenen kleinen Waldheim sitze ich fortan, höchst vergnügt, der Stadt und all den verdächtigen Mannsbildern entronnen zu sein, die wie eine hungrige Meute auf ihren Augenblick lauern.

Wohl bewusst bin ich mir der Schwäche und Willkürlichkeiten meines Pulses, wohl bewusst aber auch der Besonderheit der Seele, die mich befähigt, viel aufzunehmen und viel zu verarbeiten, um viel und verschwenderisch geben zu können.

Hier will ich nun einmal wieder gegen Margrittchen ein wenig straffere Zucht üben, will ihm Pimpelwute und Margot, schmutziger August und Freund Wellenschläger zugleich sein[10]. Hier unter den Fittichen großäugigster Einsamkeit tauche ich zurück in die Probleme, die mich in der letzten Berliner Zeit so sehr erfüllten. Nur zwei Gegenstände von Wolf Dohrn sind mitgewandert, die große Gipshand[11], die Hildebrandt goss. Sie liegt auf der »Vita Nova«[12], die ich mir in Florenz kaufte. Mit ihren Linien will ich mich noch

einmal auseinandersetzen. Und der Riesenredak-
tionsbleistift, den er mir schenkte. Er hat ein neues
grünes Band bekommen und hängt stolz und erwar-
tungsvoll mitten in all meine Gedanken und Pläne
hinein.

1 der ewige/wandernde Jude, Figur aus der christlichen Mythologie
2 deutscher Kultur- und Bildungsförderer (1878-1914)
3 Straße in Schwabing
4 Wohnort Margarete Beutlers um 1904
5 Fluss bei Dachau
6 Die Sonne ist bei Beutler wie in den romanischen Sprachen männlich.
7 Voraus- oder Anzahlung
8 Hausfreunde
9 die Münchener Literatur- und Kulturzeitschrift, für die Beutler arbeitete
10 vgl. die Kindheitserzählungen, vor allem »Schatten«, S. 121-127
11 Die Gipshand ist auf der auf S.19 abgebildeten Zeichnung von Max Eichler (1872-1942) zu sehen.
12 Jugendwerk von Dante Alighieri (1265-1321)

Tonetta

Die blonde Försterin steht schon vor der Türe und hängt Windeln auf. Sie macht ein geheimnisvolles Gesicht. Gestern nachmittag, als ich kaum fort war, ist eine Dame gekommen. Sie hat sich nicht abweisen lassen, wollte auf mich warten. Die Försterin hat ihr ein Lager gemacht im Atelier. Yolla, denke ich. Yolla! Stürme die Treppe hinauf. Als ich die Türe vom Atelier öffne, richtet ein Frauenkörper sich auf aus den Kissen, es ist Tonetta, die junge schottische Tänzerin.

»Hallo, Tonetta? Sie?«

Zwei schlanke Hände strecken sich mir entgegen. Sie zittern. Ihr feines Gesicht zeigt deutliche Tränenspuren. Ein Blick nur, in diese aufgerissenen, fragenden Augen, und ich weiß Bescheid. Es ist eine ernsthafte Frauenangelegenheit. Ich lege den Arm um sie: »Was führt Sie zu mir, Tonetta?« Da sind die Tränen auch schon wieder da. Wie sie fließen. Sie will sprechen, aber die Worte gehorchen ihr nicht. Sie sieht mich an mit den Blicken eines geprügelten Hundes, die stolze, schöne Tonetta!

»Tonetta, liebliche, ich glaube, ich kenne Ihre Not, ohne dass Sie sprechen müssen. Sie fühlen sich in den ersten Wochen der Hoffnung.«

Tonetta fährt herum. Die Pupille in ihrem Auge verengt sich.

»Woher wissen Sie das?«

»Sie kommen und wollen mich um Rat bitten.«

Da schluchzt sie wie ein kleines Schulmädchen. Ja, so ist es, wie ich sage. Was soll sie nur tun! Sie ernährt doch sich und ihre Schwester mit den Tanzabenden und den Tanzstunden. Und nun dies? Wenn man ihr nicht hilft, die Last abzuwerfen, bleibt ihr nichts übrig als …

Wie oft habe ich genau dieselben Worte gehört. Wie oft habe ich nun schon ähnliche verzerrte Frauengesichter vor mir gesehen. Es ist ein Schweigen in dem kleinen Raum, in dem eine Seele, die nach Gestalt und Leben drängt, ihr Urteil erwartet. Tod und Leben halten sich umkrampft wie zwei Ringer. »Ich bin nicht neugierig, Tonetta. Aber leichter wäre es zu raten, wenn sie mich Einblick nehmen ließen … Wer …?«

»Sie wissen es doch, es ist natürlich Rolf!«

Mit kleinen, spitzen Zähnen zerbeißt sie ihr Spitzentuch. Battisttüchlein.

»O Tonetta! Sie, die Königliche, sind dem Zynismus dieses zwerghaften Mannes anheimgefallen?«

Sie schweigt.

»Sie wissen wohl, dass ich ihn für eine starke literarische Begabung halte, und dass mich freundschaftliche Beziehungen mit ihm verknüpften.«

»Ich weiß es.«

»Aber sie wissen nicht, dass ich diese Beziehungen löste, als mir seine Indiskretionen und Bosheiten so schamlos wurden, dass man nur noch ein wegwerfendes Lächeln für sie haben konnte.«

Tonetta schweigt.

»Verzeihen Sie, wenn ich Ihnen mit meinen Worten weh tue, mein Rat ist der: Sie müssen ihn heiraten.«

»Aber das ist es ja gerade«, schreit sie auf, »er denkt nicht daran.«

»Warten Sie …«

»Nein, nein … meine Laufbahn … gerade habe ich die Kritik mir gewonnen … ich bin im Aufstieg … (ihre Stimme wird Geflüster), dass *Sie* mir einen solchen Rat geben, anstatt mir zu helfen, wie ich es von Ihnen erwartete …«

»Hallo, Tonetta, nicht so hitzig! Ihre Beine waren bisher Ihr Kapital, in ihnen raste der jungfräuliche Körper seine Begierden und Ekstasen aus. Das roch die begabte Kritik und lobte. Nun beseelt sich aber der erschlossene Mädchenkörper und wird reicher durch sein Wissen und den Sinn seiner Tänze. Die meisten großen Tänzerinnen hatten ein Kind, ehe sie ihre künstlerische Höhe erreichten. Deshalb: heiraten Sie, bringen Sie das Kind auf die Welt, lassen Sie sich scheiden, werden Sie wieder Sie selbst und schaffen Sie sich Ihr Leben. Haben Sie einen Schaden durch die Geburt, so muss der Mann, der Sie in diesen Zustand brachte, die Verantwortung tragen.«

»Ich will das Kind nicht zur Welt bringen.«

»Es ist etwas anderes, Tonetta, wenn die Frau bereits geboren hat. Dann sind ihre inneren Organe entwickelt und sie weiß Bescheid. So aber werden diese Organe in der ersten Entwicklung gehemmt. Wollen Sie sich Ihr Leben verschandeln? Wollen Sie sich um die Gnade betrügen, gesunde Kinder zur Welt zu bringen? Nur sehr wenige Frauen können sich aus der ersten Negation ihres Leibes wieder zur Gebärtüchtigkeit zurücktrainieren.«

»Keines meiner Tanzkleider passt mir mehr«, schluchzt Tonetta auf.

»Aber Liebe, Sie werden doch nicht zu den Frauen zählen wollen, die um elenden Flitter willen das Kind in sich vernichten wollen, so niedrig schätzen Sie selber sich doch wohl nicht ein. Vorläufig können Sie Ihren Zustand immerhin noch acht Wochen verbergen, wenn Sie sich ein wenig Schonung auferlegen. Und dann muss Deli helfen.«

»Warum wollen *Sie* mir nicht helfen?«

»Bin ich eine Hebamme?«

»Aber Sie kennen Frauen … die …«

»Halt. Eine Frage, Tonetta. Schickt Deli Sie zu mir?«

Zögernd, unter Tränen, kommt die Antwort. »Ja, er schickt mich.«

»Nun, das sieht ihm wieder ähnlich. Er weiß, dass ich einmal ein junges Ding gepflegt habe, das sich einer jener dunklen Frauen anvertraut hatte …«

»Geben Sie mir die Adresse«, stammelt Tonetta.

»Heiraten Sie. Sie können als Frau v. D. Ihre Tanzstunden wieder aufnehmen.«

»Er hat sich auf Sie berufen, auf Ihre Anschauungen.«

»Ich weiß, liebe Tonetta, dass ich sehr oft missverstanden werde. Ich persönlich bin stark genug, um die Verantwortung des Mannes, um meiner Freiheit willen, abzulehnen … aber sie brauchen Schutz …«

»Sie treiben mich in den Tod.«

»Mit diesen Phrasen machen Sie mich nur böse. Man nimmt sich nicht das Leben einer solchen Selbstverständlichkeit willen, wie es ein Kind für uns Frauen ist. Sehen Sie denn nicht, wie erbärmlich dieser Mann handelt, wenn er mir, der mütterlichen Frau, die Verantwortung aufladen will, die er selber abzulehnen sich berechtigt glaubt? Er hätte doch sogar Mittel, um mit Ihnen zu einem tüchtigen Arzt zu gehen, wenn er durchaus dieses Kind nicht haben wollte. Warum also diese Feigheit?«

»Warum sind Sie so hart zu mir?«

»Ich will Ihnen ja helfen, Klarheit zu gewinnen, zu erkennen. Ich verheimliche Ihnen nicht einmal, dass ich Rolf v. D. für keinen einwandfreien Charakter halte. Aber das ist Ihre Sache. Sie können ihn vielleicht dazu machen, indem Sie Verantwortung von ihm verlangen. Glauben Sie, Tonetta, dass Sie … nun, dass Sie ihn ein wenig liebhaben können? Dabei hat ja merkwürdigerweise der Charakter gar nichts zu tun bei uns Frauen.«

»Er kann sehr nett und liebenswürdig sein.«

»Ganz gewiss kann er das. Sie hätten also nichts dagegen, ihn zu heiraten?«

»Er wird es niemals tun. Er hat es mir ja gesagt.«

Wie armselig kommt sie mir heute vor, diese selbstsichere junge Dame, die ihren Körper und ihr Lächeln so beneidenswert in der Gewalt hatte. Sie tut mir so sehr leid. Ein hässlicher Zorn gegen den Mann, der diese Veränderung bewirkte, steigt in mir auf.

»Hören Sie zu, Tonetta. Ich gebe Ihnen eine scharfe Waffe gegen ihn in die Hand. Als ich neulich im Stefanie meine Schachpartie spielte, saß Rolf am Nebentisch und unterhielt sich in der ihm eigenen Weise mit jungen Leuten, die ihm andächtig zuhörten. Er erzählte laut mit Ihrem vollen Namen vor diesen Caféhausmenschen, die Geschichte Ihrer Entjungferung.«

Tonetta winselt wie ein junger Hund, steht auf, sieht aus dem Fenster. Ihre schöne Hand liegt wie eine weiße Blume.

»Er erzählte, wie er Sie im Karneval kennengelernt habe, wie Sie ihn mit auf Ihr Atelier genommen hätten, er schilderte Ihren Körper, entblößte Sie seelisch und fleischlich. Keine Einzelheit verschwieg er, malte sie aus und gab dann in jener Raserei der Selbstverspottung, die ihm ebenfalls eigen ist, seine Schwäche preis. ›Gott soll mich nur vor Jungfrauen hüten‹, sagte er, ›das war ein hartes Stück Arbeit, ohne Hilfsinstrumente hätte ich es nicht zuwege gebracht. Die Weiber sollten alle vor dem 20. Jahre künstlich entjungfert werden ...‹«

»Und das haben Sie mit angehört?«, schreit Tonetta empört.

»Ich habe ihm meine Meinung kurz gesagt. Ich bin ja diesen Ton gewöhnt von den Männern. Nur, indem ich ihn ertrage, vermag ich letzte Vorhänge fortzuziehen, letzte Geheimnisse der männlichen Natur zu ergründen. Wozu glauben Sie aber, dass ich Ihnen das hier erzähle? Ich möchte, dass Sie hart werden. Schon größere Lümmel als Ihr lieber Rolf wurden durch ein vernünftiges Weib zu Menschen.«

Tonettas Tränen flossen wieder reichlicher. Sie warf sich zurück auf das Lager, aufgelöst, verzweifelt. Ihr zartes Gesicht war verzerrt, ihre schönen, schlanken Beine krampften sich gegen den Leib.

»Er hat mich öffentlich der Schande preisgegeben ...«

»Eben deshalb, weil Sie mit diesen Begriffen von Ehre und Schande noch fest und bürgerlich verknüpft sind, darum muss diese Ehre auch bürgerlich wiederhergestellt werden. Es ist übrigens eine sehr gelinde Strafe für viele und schwere Sünden, die er gegen uns Frauen beging, wenn er eine so reizende und liebenswürdige Hausfrau bekommt.

Und nun lassen Sie uns handeln, Tonettchen! Ich gestehe Ihnen offen ein, es fängt an, mir ein wenig Freude zu machen, Rolf für Sie einzufangen. Er gehört zu den Männern, die nur Damen oder Dirnen kennen. Sie werden ihm eine menschlichere Auffassung von unserem Geschlecht beizubringen haben.«

Während Tonetta weiter stöhnt und schluchzt, schreibe ich den Brief, der nötig ist.

»Mein lieber Rolf v. D.,

ich erfahre soeben von Tonetta, dass deine Bemühungen in ihrem Atelier, die du ja neulich im Café Stefanie so anschaulich zu schildern verstandest, von Erfolg gekrönt waren. Nun weißt du aber wohl, dass Tonetta kein Mädchen ist, das man schutzlos dem Schicksal überlassen kann. Sie ist weder seelisch stark genug, um eine freie Mutterschaft zu tragen, noch körperlich berechtigt, sich der Folgen deiner Vergnügtheiten zu entledigen. Ich habe ihr also den Rat gegeben, der der einzig mögliche unter den obwaltenden Umständen ist. Sie soll sich deinem männlichen Anstand anvertrauen. Ich wünsche dir Glück zu der feinsinnigen Lebensgefährtin, die du dir durch deine

Bemühungen gesichert hast und hoffe, auf deiner Hochzeit als Ehrengast willkommen zu sein.«

»So. Liebchen, lesen Sie. Offiziell brauchen Sie den Inhalt ja nicht zu kennen. Ich sende ihn sofort ab.«

Tonetta kommt, liest, sieht mich bissig an.

»Ich weiß nicht, ob ich Ihnen dafür danken soll.«

»Dank! Tonetta? – – Es ist *meine* Angelegenheit, die ich mit Rolf v. D. ordne. In Ihre Hand ist immer noch gegeben, wie Sie sich entscheiden wollen. Nur dies eine lassen Sie mich Ihnen noch sagen. Wenn Sie Ihrem Leben eines solchen Mannes wegen ein Ende machen würden, so würde ich sehr bedauern, Ihnen auch nur ein Viertelstündchen meiner Zeit gewidmet zu haben.«

Ich strecke ihr die Hand hin. Sie scheint sie nicht zu sehen. Ihr Battisttüchlein vor den Mund gepresst, geht sie zur Tür, stößt hervor: »Das hätte ich nicht von Ihnen erwartet.«

Dann höre ich ihre Schritte auf der Treppe. Ich nehme ihren Rhythmus in mir auf und trage in mein Tagebüchlein ein: Besuch im Jägerhaus, 30. März 05. Tonetta. Brief an Rolf v. D.

Die Nebel sind davongeflogen, weit auf die Flügel des Fensters, hinaus wehen lassen die fremde Sorge und Dunkelheit. Wann wird meine Formel Gültigkeit haben in der Welt? Wann wird es keiner äußeren Bindungen mehr bedürfen zwischen den Geschlechtern?

Wenn das Wort Verantwortung keinen Klang mehr hat von Zwang und Strafe.

Wie wird Tonetta sich entscheiden?

Fremdes Volk in meinem Königreich?

Ich liege auf meinem kleinen Hügel auf der Amperwiese, die gegen das tote Moor mit einem Vorhang von jungen Birken abschließt.

Gibt es ein willkürlicheres und lieblicheres Flüsschen als meine Amper, meine kleine Amper mit ihren holden blonden Rundungen und der köstlichen Frische einer ewig jungen Soubrette[1]?

Ich bin allein und sehr vergnügt. Es sind ja schon wieder Libellen da. Schon setzt ein tolles Knospen ein, trotzdem die Nächte bitterkalt sind und viele fürwitzige Triebe braun werden und abfallen.

Die hüftschlanken Libellen erscheinen noch unwirklich, wie aus anderem Reich. Vorläufig sind nur die der kleinen Art da, die graugrünen, die, wenig prunkvoll und auffallend, das Wasser streifen und sich auf gleichfarbenen, noch verschlossenen Gräsern wiegen, um den Rhythmus ihres kurzen Insektenlebens zu üben und zu gewinnen. Man bemerkt sie nicht eher, als bis sie auffliegen, denn sie passen sich den matten Farben des allerersten Frühlings an.

Ich habe nur ein kurzes Unterkleid an aus gelber, sonnengelber Libertyseide[2]. Ich habe es mir selbst gefertigt aus dem alten Vortragskleid, das Lotte einst machte.

Diese sonnengelbe Farbe berauscht mich immer wieder. Kühl ist die edle Seide und lebendig wie Blumenblatt. Sie lässt alles frei, Schultern, Arme, Brust, Beine, hat nur hauchschmale Träger aus den bunten Gablonzer Steinen[3], die auf ein Gummiband gereiht sind. Ziehe ich sie noch ein wenig hinauf, so entblößt

188

sich der Hügel des Glücks, der stolz und wollüstig zwischen meinen festen Schenkeln sich erhebt und bestanden ist mit dunkelblondem, schillerndem, weichem und flockigem Buschwerk.

Die Knie ziehe ich an, spreize die Beine und biete das Pförtchen der Freude meinem himmlischen Freunde, dem Sonnenherrn, dar. Dies ist meine Andacht, meine Frömmigkeit, dies ist die Form meines Gottesdienstes! Ohne die armseligen Worte auch nur zu flüstern, sage ich mit fröhlicher Seele mein Gebet. Es ist kurz, kindlich, märchenhaft schön und vornehm. Es lautet: *Da hast Du mich, Bruder Sonne!* Schon, während ich es noch forme, beginnt der süße Kontakt zwischen dem Gestirn des Lebens und des Tages, dem ich mich mit Haut und Haar, mit Wollen und Wünschen verschrieben habe. Mit liebevollen und erfahrenen Strahlenhänden werde ich gestreichelt. In mich ein, in mein innerstes Wesen hinein dringt Wärme und Kraft, Odem der Göttlichkeit umhaucht mich. Ich liege und lausche auf meinen Herzschlag, der so wundersam stark und gleichmäßig ist, wie wenn nichts mehr ihn aus seiner Ruhe bringen könnte. Je mehr die himmlische Wohligkeit mich durchströmt, um so heller und klarer werden meine Gedanken.

Meine Hände ruhen auf meinen festen Brüsten. Unter den Achseln, auf dem Hals, überall beginnen kleine Schweißperlen sich zu sammeln, das Lustwäldchen an den Schenkeln steht in Tau und Frisch, die goldbraunen Zweiglein seines Buschwerks krümmen sich lustig um die schmale rosige Schlucht, die die Linie des Hügels nach Süden durchschneidet.

Warm ist mein Schoß und sendet zu mir empor einen Duft von wildem Thymian und Honig, der sich mischt mit dem Geruch gelockerter Erde, treibender Moose, sich selbst entsteigender Gräser. Und nun erwacht wieder dieses zarte Klingen in mir, das so selig und reich macht und das mich durch mein Leben begleitet hat.

Noch immer kann ich nicht sagen, wo es seinen Anfang nimmt. Es ist, wie wenn ein kleiner silberner Klöppel an eine Glocke schlägt, die im Gewölbe meines Leibes hängt und sich bewegt. Die Schwingungen das Tones, den sie von sich gibt, breiten sich aus bis in die letzten zarten Nervenfäden der Fingerspitzen und Fußzehen. Ich bleibe in diesem zitternden Jubel so eingebettet, dass eine besondere Willensanstrengung dazugehört, mich endlich aus diesen Kissen des Frühlings zu lösen. So wie man aus dem Morgenschlaf sich befreit mit einem Sprung in die Badewanne, werfe ich meine Gliederträgheit hinter mich. Stemme mich auf beide Knie, stehe auf den nackten Füßen. Fühle unter ihnen die harten Spitzen der keimenden Gräser wie stachlige Liebkosung, faunischen Reiz. In die kleinen roten Schuhe schlüpfe ich, die ich nur trage, »wenn Lust mich schlägt, der Sonne zu gehören«. Und nun tanze ich, jauchzend und lachend, diese Wiese entlang, die mir allein gehört kraft unserer gegenseitigen Sympathie, die mich kennt und liebt und mir nun schon jahrelang das wechselnde Schauspiel ihrer Wandlungen zu allen Jahreszeiten schenkt. Verwachsen bin ich mit ihr wie eine jener kleinen Libellen, die sich ans Schilfgras schmiegen. Aber ich verliere nie dabei das klare übermütige Bewusstsein meines freien, lachenden Menschentums. Mitten im Tanz ist es in meinem Kopf, was mich umflatterte und suchte! Mit dem Klingen in mir wuchs es, wurde Rhythmus und Reim, Klang und Sinn!

Wird jemals die Wissenschaft, die ewig tastende und vermutende, viel zerstörende und viel kombinierende, das Wunder des geistigen Schaffens ergründen? Ist das ein Vorgang in den Gehirnzellen? Eine Funktion der Zirbeldrüse? Ein Vorgang im Sonnengeflecht? Muss es ergründet werden? Ist es nicht Lachen und Träne des Menschenkindes, das vom Leben besessen ist?

Ein wenig beschwipst vom Frühlingspunsch, gehüllt in meinen Bademantel, mit herrlich müden Beinen, wandere ich auf dem schmalen Uferpfade heim in mein kleines bescheidenes Forsthaus. Wind schenkt mir Melodie, Sonne besiegelt, Wolke bestätigt sie. Ich singe die kleinen Verse, die in mir wuchsen wie das Ei am Mutterstock, wie die krausen Härlein am Venushügel:

Voll Duft und Unruh' ist der Pfad,
Bald links, bald rechts zu schwenken,
Und der versonnte Morgen hat
Ein Lachen zu verschenken.

Ich spanne meine Arme weit,
Dass in die grünen Gründe
Ein wenig Menschenseligkeit
Und Menschenschicksal münde …

Ah! Wie ist das schön! Weib sein! Starkes, bewusstes, mütterliches und freies Weib!

Niemals wird ein Mann sich so einwühlen können in die Geheimnisse des Lebens um ihn herum, er, den die Götter verschlossen haben mit dem gordischen Knoten zwischen seinen Lenden, den er nur in kurzen Augenblicken und immer wieder in Qual und Groll gegen sich selber, zerhauen muss, um zu seinem eigensten Ich zu gelangen! Aufgerissen sein allem Lebendigen! Es in sich tragen und es in sich verarbeiten können! Das ist es ...

Ich denke an meinen kleinen wilden Jungen.[4] Nun wird er bald wieder kommen, um den Sommer bei mir zu sein, zwischen Onkel Mond und Tante Sonne seine prallen Glieder zu dehnen und dumme kostbare Dinge zu sagen. Etty hat nie geschrieben, dass er ruppig und schlagfertig ist. Man hat ihm gesagt: »Du hast Etty wehgetan, nun liegt sie im Wald und ist tot.« »So?«, hat er erwidert, »na, denn trampel ihr man feste auf'n Bauch, denn wird sie schon wieder lebendig!«

Sie verwöhnen ihn mir ein wenig zu sehr ... aber hier, wo er ganz mir gehört, wo er lächerlich einfach und natürlich seine Tage verbringen wird, hier kommt alles schon wieder ins richtige Lot. Wie ich mich auf ihn freue!

Ach, bin ich nicht darum so frei und so stark, weil die Äußerlichkeiten des Lebens mir nichts anhaben können? Ich besitze keinen Schmuck und keinen Luxus. Nackt liege ich des Nachts zwischen den groben Leinen meines Bettes. Meine Träume sind meine Freunde. Meine Freunde aber haben mich lieb und dienen mir.

Ihr müsst nicht glauben, meine Freunde, dass Margarete, eure Margarete, nicht auch dunkle und schwere Stunden habe … Aber sie verbringt sie, die Wange gelehnt an die zottige Brust der alten Kinderfrau Erde, allein, wartend, bis wieder Helle und Freudigkeit in ihr wachsen. Dann erst kommt sie zu euch zurück und vermag Strahlen zu senden wie eine kleine Sonne.

Ich bin an die Ecke des Pfades gekommen, wo man über den gestürzten Weidenstamm springen muss, dessen Krone im Wasser liegt und von den Wellen zerplundert wird. Da höre ich ein lautes und merkwürdiges Lachen …

Wie? Fremdes Volk in meinem Königreich? Hier, wo höchstens am Sonntagnachmittag Angler und Kinder sich sehen lassen? Wer stört die Schöpferruhe meines Frühlings?

Zwei junge Männer kommen mir entgegen. Ich kann sie nur mit kurzem Blick streifen. Sie sind schon zu nahe. Ein Ausweichen ist nicht mehr möglich. Ich fühle, wie Augen mich fressen. Ziehe meinen dunklen Bademantel fest um mich. Sie weichen aus, nach der Uferseite zu, stumm. Ich schreite an ihnen vorbei, dem Forsthause zu. Hart liegt das Lachen in meinem Ohr. Zerschnitt es nicht einen Rhythmus? Einen Gedanken, einen Traum, eine Linie? Weiße Wolken hängen über der Brücke.

1 muntere Sängerin in Oper, Operette oder Singspiel
2 hochwertiger englischer Seidenstoff
3 böhmischer Modeschmuck aus Gablonz an der Neiße
4 Beutlers im August 1900 geborener Sohn Peter Claus

Erlauben Sie – das soll ein gewöhnliches Frühstück sein?

Erster April. Geburtstag des Alten[1], Gewaltigen, Einmaligen, an dessen Brust ich einmal lehnte, halbes Kind noch, einen dreifachen Herzschlag lang!

Wie viele Wasserfälle schon gekauter Phrasen werden sich heute wieder ausschütten über den modernden Leichnam im Sachsenwald! Wieviele Brunnenrohre eifernder Beredsamkeit werden platzen! Wie jedes Jahr wird eine rasend gewordene Büffelherde deutscher Oberlehrer den Komplex Bismarck wieder zu einem Brei zerstampfen, der als bekömmliches Kindsmus einer gleichgültigen Jugend um die Lippen geschmiert wird. Seltsam will es mir erscheinen, dass niemals Verse sich gestalteten um den so sehr Geliebten herum. Es war wohl so etwas wie Scham, was sie nicht zum Klingen brachte.

Ach, er! Er! Wie spielte er auf den Instrumenten seiner Zeit! Wie beherrschte er ihren Rhythmus!

Aber – – – hatte er den Willen zum *Herrschen*?

Es ist vielleicht umso leichter zu herrschen, je weniger man den Willen dazu hat.

Eines aber hatte er bestimmt: den Willen zur *Form*, die gewaltig war, wie die Ausmaße seines Körpers es waren. Er konnte keinen Strumpf anziehen, aus dem das Elend der großen Zehe hinauswachsen musste.

Schäfer Thomas fällt mir ein auf der stillen Heide hinter Klein-Sabow. Die Geschichte mit den Bismarck-Strümpfen!

Kindheit, Sonne, unfassbare Wunder des Werdens!

194

Und nun geht man hier, ein mütterlicher Mensch, durch den Frühling und freut sich auf den lustigen kleinen Jungen, dem man selber Gestalt gab, und der nun bald wieder das Königreich der Ruhe und der schöpferischen Muße nach seiner Laune und Willkür umgestalten darf und wird.

Die Amperwellen schlagen und gurgeln. Im Schilfgras, das in den ungewöhnlich heißen Märztagen üppig emporgeschossen ist, klappert es, wie wenn Metallplättchen aneinanderstoßen. Musik des Lebens! Unzählige Libellen sind es, die in neue Ordnung und Form hineinzuwachsen suchen.

Es läutet gerade Mittag, als ich den Torweg des Zieglerbräus durchschreite, um ein bescheidenes Mählchen zu nehmen und mir einen Schoppen Hügelwein zu genehmigen, dem unsterblichen Geburtstagskinde zu Ehren.

Die Veranda ist noch nicht geöffnet.

Ich gehe also ins Honoratiorenstübchen, das hinter der Schwemme liegt. Es ist leer. Nur die scheeläugige Resl sitzt da an einem Tisch und weint. Sie steht auf, als ich eintrete. Wendet sich ab. »Hallo, Resl, was ist los?«

Und schon läuft ihr die Galle über. Mit dem Vertrauen, das gequälte Kreaturen mir nun einmal entgegenbringen, weil sie spüren, dass ich sie durchfühlen kann, gibt sie in rauhen Kehllauten ihre Nöte von sich: »Was soll los sein! Es ist ja immer dasselbe! Ist nicht ein Tag so lang wie der andere? Macht Beruf nicht immer gleich durstig? Hat man Gäste, so trinkt man aus Erschöpfung. Hat man keine, so trinkt man aus Langeweile. Am Abend ist man dann gefüllt bis zu den Augen, aufgetrieben wie ein Gummiball. Und was danach kommt, ist eben auch wieder das gleiche. Und so geht es und so geht es, bis man eines Tages verreckt …«

Ich weiß, die Resl hat fünf Kinder. Zu keinem einen Vater. Zur Zeit lebt sie mit einem wilden Trunkenbold zusammen, der all ihren Verdienst versäuft. Aber um der armseligen Bettfreuden willen, die dieses Tier ihr gibt, hängt sie an ihm. Sie müssen sie für die Hässlichkeiten ihrer Tage entschädigen. Und ihretwillen vernachlässigt sie ihre Kinder, überlässt sie der Barmherzigkeit Fremder und arbeitet sich zuschanden für den Herrn ihres welkenden Leibes.

Auch ein Wunder! Wunder des niederen Eros!

Wenn die Resl von den »Mannsbildern« spricht, so tut sie es entweder mit einer Art abergläubischen Grauens oder aber mit bissigem, verächtlichem Spott.

Ist es denn nicht so bei den Männern: Hinter jeder Stalltür wird man erwischt, in jeder dunklen Ecke lauert ihre Lüsternheit. Ah, sie, die Resl, könnte auch Romane schreiben! Wenn ihr nur nicht ihr Ziegenkopf so dumm wäre von all dem, was schon gewesen ist. Aber was soll sie machen! Sie ist eben dafür da. Ist es nicht anders gewohnt seit ihrer Kindheit …

Der wulstige Mund zieht sich weinerlich nach unten. Ich lasse ihn reden. Weiß ja, es ist irgendwie Erleichterung. Ich streichle ihre Hand.

Und nun stößt sie die grauenvollen Geschehnisse ihres Lebens schluchzend heraus. Wie war es denn …

mit 16 Jahren das erste Kind und nicht gewusst von wem. Dann in den Dienst gekommen und fortgejagt des zweiten Kindes wegen. Und nicht gewusst, war's der Dienstherr selber oder ein anderer … Und nun sind fünf da! – – – Aber sollen doch die Schweine für sie sorgen, die sie in die Welt gesetzt haben! Alle miteinander. Warum denn sie, die sie nicht gewollt hat, die nur stillgehalten hat, weil's ja nicht anders ging. Weil man ja dazu da ist …

Sie sieht so verfallen aus, wie sie das alles herausweint, so hoffnungslos verlebt und elend. Ich suche zu trösten. »Nun, nun, Resl, es wird schon einmal anders werden. Sie sollten ein bisschen sparen, dass es einmal zu einem kleinen Häusel hier draußen reicht. Dann heiraten Sie einen fleißigen, nüchternen Mann …«

Sie zieht ihre Hand unter der meinen fort. Lacht hart auf, sie, die scheeläugige Resl, und heiraten? Bin ich so blöd, dass ich das wirklich glaube? Mit fünf ledigen Bamsen und heiraten? Nein, sie heiratet niemand. Sie ist nur zu dem anderen da, zu sonst nichts … Was wünsche ich zu essen? …

Ich bestelle verlegen den üblichen Nierenbraten. Resl geht, um ihn zu holen. Mein schöner sauberer Appetit ist davongeflogen. Fort! … Ich mache mir Notizen: Resl, Kellnerinnen … usw. Bin ja nun einmal Sammlerin von Schicksalen. Muss sie doch sammeln, denn nur durch sie werde ich zu letzter Klarheit und Einfachheit der Erkenntnisse vordringen.

Müsste nun nicht der Staat die Aufzucht von Kindern übernehmen, gerade, um seiner Ordnung willen trachten, diese wenig besonnten Früchte vom Baume des Lebens zur besonderen Reife zu bringen?

Nein, *nicht* der Staat, der Männersache ist. Denke nicht schief, Margrittchen. Sache der *Menschlichkeit* ist immer Sache der *Mütter*. Seit Urbeginn der Welt an.

Da ist sie ja wieder, meine Formel, die allereinfachste und selbstverständlichste Formel der Welt. Auf Schritt und Tritt stoße ich auf sie. Dazu aber brauchen wir denkende, gerechte und freie *Mütter*, keine Sklavinnen mit Dienstbotenseelen.

Ich will mit der Adams-Lehmann[1] darüber sprechen.

Man müsste Mütterheime gründen. Die Gesegneten müssen getragen werden von den Ungesegneten …

Während ich schreibe, öffnet sich geräuschvoll die Türe vom Flur her, die meinem Tisch gerade gegenüberliegt. Ein hirschbrauner Dackel wedelt herein. Hinter ihm steht im Türrahmen eine Erscheinung, ein Mensch mit wirrem Haar und Blick. Nur einen kurzen Augenblick, dann kracht die Türe wieder zu. Hatte dieser Mensch nicht graue Filzschlappen an den Füßen? War er nicht ohne Kragen? Ohne Krawatte? Ohne Haltung? Aber dieses etwas aufgedunsene Gesicht? Wo sah ich es schon? Ich tappe vergebens in den Beeten meiner Erinnerungen umher.

Das Essen kommt. Mit ihm wedelt der Dackel an meinen Tisch. Es ist ein edles Exemplar. Auf kurzen, kräftigen Hinterbeinen sitzt er neben mir und wartet. Macht ein unglaublich hochmütiges Gesicht und bewegt dabei bittend seine köstlich dicken Tatzen. Eine mächtige Ramsnase verleiht ihm das Aussehen

eines Raubritters. Er bekommt den halben Nierenbraten und zieht ihn vergnügt unter die Fensterbank.
Wieder öffnet sich die Türe mir gegenüber, und ein
eleganter junger Mann tritt herein. Er trägt Lackschu-
he und eine auffallende modische Krawatte. Während
er mit breiter Gebärde über das wohlgekämmte Haar
fährt, lässt er sich am Fenstertisch nieder.

»Resl!«

Resl kommt aus der Schwemme.

»Bringen Sie mir mein gewöhnliches Frühstück«,
sagt der junge Mann, »also eine halbe Flasche Heid-
sieck² Monopol, eine Flasche Nuits³ und das Schachbrett! ... Ja, und ein Stück Schwarzbrot! Nicht vergessen!«

Ich höre ... mit halbem Ohr ... spüre Augen über
mir, werde leise unruhig, schreibe weiter ... man
müsste Kellnerinnenheime gründen, inmitten der
Großstädte, an gesunden grünen Plätzen, Englischer
Garten, Humboldthain ... als das Gewöhnliche ...
dort die Kinder dieser Frauen sammeln ... eine halbe
Flasche Heidsieck ... die Mütter müssten ihren freien
Wochentag dort verbringen, damit sie in Fühlung
bleiben mit der Frucht ihres Leibes ... eine Flasche
Nuits ... vielleicht, wenn sie selber für diese Heime
eine Kleinigkeit zusteuerten ... man muss das durch-
denken ... und ein Schachbrett ... zum Kuckuck, was
geht mich denn die Bestellung eines fremden Menschen an ...

Resl erscheint. Trägt tatsächlich auf dem Tablett
eine kleine Sektflasche, eine dickbauchige große
Burgunderflasche und ein Schachbrett.

»Wie Sie's nur immer mögen, das kalte Zeug auf nüchternen Magen«, höre ich sie missbilligend sagen. Da lacht der junge Mann. Ich horche kurz auf. Dieses Lachen? Laut, kurz, schmetternd entkorkt er die Burgunderflasche, bricht mit Sachkenntnis den Verschluss der Sektflasche auf, entfernt den Korken leise, behutsam, lautlos, mischt beide Flüssigkeiten in dem Bierglase … trinkt … in großen langen Zügen … Resl wirft mir einen Blick zu, der sehr bayerisch ist und soviel bedeutet wie »Spinneter Teifi!«

Dann verschwindet sie wieder in der Schwemme.

Zwei Menschen sind allein in dem kleinen, einfachen Raum.

Der eine Mensch stellt viele Figuren auf ein hölzernes Brett und mischt sie in kunstvollen Zügen durcheinander. Macht Probleme aus ihnen, denen er nachsinnt. Trinkt dazu Burgunder und Sekt. Um halb ein Uhr mittags als erstes Frühstück.

Der andere Mensch trägt viele Figuren in seinem Kopfe, stellt sie auf das Brett seiner Gedanken, mischt sie durcheinander und macht Probleme aus ihnen, denen er nachsinnen möchte. Er wird aber gestört durch den anderen Menschen, einfach durch sein Dasein, durch die Art, wie er sich in Szene setzt, wie er ihre Aufmerksamkeit erregen möchte. Hörbar klappern die Schachfiguren gegen das Holz des Brettes. Eigentlich hat er kein wildes Gesicht, da drüben … nur zerfahren und … ja, und irgendwie erotisch verludert. Die kleinen Augen, die Säcke darunter … Die aufgedunsenen Backen …

Und mit einem Mal weiß ich, es ist einer von den

beiden jungen Männern, die am Tage des ersten Sonnenbades in mein Königreich einbrachen.

Ich zahle, ich gehe. Gelegentlich werde ich Resl einmal nach dem Schachspieler fragen. Diesem Tagedieb Gottes, der um 12 Uhr aufsteht, um Schach zu spielen …

Es geht mich nichts an, und doch bin ich verstimmt. Bin richtig ärgerlich, als ich den Schlossberg hinuntergehe! Eine halbe Heidsieck, eine Nuits und ein Schachbrett. Das soll ein gewöhnliches Frühstück sein?

1 Otto von Bismarck, geboren am 1.4.1815
2 Hope Bridges Adams-Lehmann (1855-1916) war eine in München praktizierende Gynäkologin und die erste Frau, die 1880 in Deutschland ein Medizinstudium mit dem Staatsexamen abschloss
3 Champagnermarke
4 Burgunderwein aus der Weinregion um das Städtchen Nuits Saint-Georges bei Dijon.

Die Enten-Majorin

Silvie stellte mir ein paar ausgetretene Kommisstiefel[1] hin: »Kommen Sie, Margarete, heute sollen Sie die Enten-Majorin kennenlernen«. – – – »Sind diese Butterfässer dazu unbedingt notwendig«, fragte ich. »Durchaus notwendig«, antwortete sie bestimmt.

Wir wanderten also los. Vom See fort. Hügelaufwärts. Über unendlich schmierige Hänge. Dann nahm ein armseliger Feldweg uns mit, der wie aufgeweichter Pumpernickel war und eine rührende Anhänglichkeit an unsere Beine bewies.

Ich sah immer wieder Silvie an, die einige Schritte vor mir ging, in einem Mantel, dessen Patina nach sämtlichen Ölen und Pasten des Kontinents duftete, in klobigen Bauernstiefeln und scheußlichen blauen Manchesterhosen. Breit und schwer stapfte sie dahin. Mein Gott, was war nur aus all diesen Frauen geworden, die mit mir einst jung waren! Fast alle lebten nach dem Kriege allein, hatten einen täglichen Kampf mit irgendwelchen Ungeheuern zu führen und waren unrettbar in irgend eine Idee verklemmt. Und man wagte gar nicht mehr zu fragen, wo ihre Männer waren …

Da saß nun Silvie, diese einst so mondscheinzarte und vielbegabte Silvie, mit 52 Jahren als eine recht männlich betonte Großmama mit eisgrauen wirren Haaren auf ihrem kleinen Landsitz in dieser unmöglichen Gegend, verteidigte ihn entschlossen gegen den Staat und andere Räuber und nutzte jede Handvoll dieser zähen, klebrigen Moorerde beharrlich aus für ihre Kinder und Enkel. Wo war der Mann? Auch bei ihr wagte man die Frage nicht zu stellen.

Es schien, wie wenn Silvie meine tastenden Blicke im Rücken gespürt hätte. Sie warf den Kopf herum und rief: »Sie werden ein Original finden.«

Aus einer Senke des Weges tauchten plötzlich ein paar einsame Häuser vor uns auf, die ohne Zaun und Grenze mitten in dem Moorbrei standen. Wie schimmelig lagen sie da im trostlosen Nachmittagsnebel, phantastisch überbürdet mit Türmchen, Erkern und Veranden, so dass die einfachen Grundformen der ehemaligen Bauernhöfe kaum mehr erkennbar waren.

Silvie hob einen Stein auf und klopfte damit hart an die Türe des größten Hauses. Sofort erhob sich in seinem Inneren ein ohrenbetäubender Lärm, ein endloses Geschnatter, das von einem blechernen Instrument durchschnitten wurde. Es rasselte, schepperte, klapperte und bakbakte, dass es ganz grauenvoll anzuhören war.

»Zu Hause ist sie«, versicherte Silvie.

Es dauerte eine geraume Weile, ehe geöffnet wurde. In dem schmalen Türspalt, der sich dann langsam und ruckweise auftrat, erschien ein sonderbares Wesen. Es war von oben bis unten in einen graugelben Schal eingehüllt. Eine dicke graue Ente saß ihm im Arm und hatte den Kopf in den Ausschnitt einer missfarbenen Weste gesteckt, die aus dem Schal herausquoll, schief und liederlich. Alles an dieser verhutzelten alten Frau zeigte dieselbe eintönige Farbe. Graugelb waren die Haare, die starr und schopfig von dem schmalen Kopf abstanden, graugelb waren die Lippen, die nach vorn gestülpt, beim Sprechen gegeneinanderschlugen wie die beiden Hälften eines Schnabels, und graugelb war der Vogelhals, der faltig und erschreckend mager aus der Weste aufwuchs und sich hin und her wiegte. Nur die Augen waren andersfarbig. Von einem stillen schleimigen Grün wie die Entengrütze in den Moortümpeln. Um die Füße, die in breiten gelben Wolllatschen steckten, drängten und watschelten viele dicke, ungeschickte Enten.

»Guten Tag, Majorin«, sagte Silvie leichthin, »ich will Sie nur schnell einmal mit meiner Freundin bekanntmachen.« Die grünen Augen klebten an mir, hilflos und bekümmert. »Besuch?«, schnatterte der gelbe Mund grämlich, »ich kann aber nicht Besuch empfangen, ich bin ja nicht auf Besuch gerichtet.« Silvie warf mir einen Blick zu und zog mich am Rock. Mühevoll und Entschuldigungen murmelnd, presste ich mich hinter ihr in den Hausflur hinein, zwischen ungnädigen und zuschnappenden Entenschnäbeln hindurch. Jetzt begriff ich, warum die Haustüre vorhin so behutsam geöffnet worden war. Es gab da nur einen schmalen trockenen Streifen, auf dem die Majorin stand, der ganze andere Raum bis zur Treppe war eine einzige schwarze, schleimige Pfütze. Die Holzdielen waren entfernt, in der gewonnenen Vertiefung stand fußtief das trübe Wasser. Enten aller Schattierungen paddelten darin herum.

»Wir kommen aus einem besonderen Grunde«, begann Silvie nun wieder, sanft wie ein höfliches Kind, »meine Freundin hat einige Beziehungen zu Kunsthändlern. Würden Sie nicht die große Liebenswürdigkeit haben, ihr das Jugendbildnis des Majors einmal zu zeigen?«

Wieder schwammen die Entengrützenaugen zu mir herüber. Die beiden Teile des Kiefers klopften hörbar aufeinander. »Es ist ja nicht aufgeräumt«, schepperte die blecherne Stimme.

»Aber liebste Frau, wir wissen doch Bescheid«, tröstete Silvie. »Sie haben eben so sehr viel mit Ihren kranken Lieblingen zu tun, da geht das nicht anders …«

Ein lautloses Weinen schüttelte den gebrechlichen Greisinnenkörper. Die Schultern zuckten, der Kopf sank auf die Ente in dem Wollschal, friedlose beinerne Hände fuhren durch das graue Gefieder: »Alle gehen sie fort von mir«, klagte die erstorbene Stimme, »Auch Klothilde ist krank, auch sie wird sterben.«

»Klothilde ist ein außergewöhnlich schönes Tier«, sagte Silvie teilnahmsvoll und ernst.

»Sie ist meine beste Freundin«, jammerte die Majorin.

Bei dem Geschnatter ringsum, das immer wieder aufbrach wie ein Hagelschauer, konnte man die einzelnen Worte nur mühsam verstehen. Dann turnten wir an der inneren Hauswand auf einem Steg von Ziegelsteinen entlang um die Pfütze herum und tappten eine glitschige Treppe hinauf, von einer aufgeregten Entenschar begleitet. Oben drückte die Majorin eine Türe auf, drehte Licht an. Da lag vor uns ein großes Zimmer in schönen Proportionen und wundersam ruhigen und warmen Farben. Ein echter Buchara[2] mit großzügigem Muster deckte den Boden. Aber er war zerrissen und beschmutzt. Überall, auch mit der Nase deutlich wahrnehmbar, fanden sich die Spuren der aufdringlichen und verhätschelten Entenzweifüßler.

Über einer alten Renaissancetruhe hing das Bild. Ein starkliniger Jünglingskopf, der wohl einen Holbein[3] entzückt haben könnte, wandte uns große, sinnvolle Menschenaugen zu. Es war gute süddeutsche Malerarbeit aus den siebziger Jahren. »Das Arbeitszimmer des Majors«, erklärte Silvie hinter mir. »Der Herr Gemahl muss ein besonders schöner Mann gewesen sein«, sagte ich liebenswürdig und ahnungslos. Im selben Augenblick empfing ich von Silvie einen derben Stoß in die Kniekehle, so dass ich betroffen schwieg. Mit undeutbarem Ausdruck hafteten an mir die grünen Augen. »Ich fürchte nur, die Majorin wird das Bild doch wieder nicht hergeben wollen«, wendete Silvie ein. Die alte Frau war schon wieder ganz mit Klothilde beschäftigt. Sie murmelte unverständliche, unzusammenhängende Worte, als sie mit uns hinunterlatschte.

Wie freundschaftlich kam mir der Nebel vor, der uns draußen wieder in die Arme nahm! Wie liebevoll empfand ich den Pumpernickel, der sich uns wieder um die Beine wickelte!

»Was ist denn nun aber an dem Gerede, das hier umgeht, dass der Major ihretwegen …?«

»Nichts … und doch vielleicht alles«, antwortete Silvie mir langsam. »Als ich vor vierundzwanzig Jahren die Majorin kennen lernte, war sie noch eine recht pikante und gepflegte Erscheinung. Ein wenig Typus der Lulu[4], wie die Eysoldt[5] sie einmal verkörperte. Sie ist aber wohl überzeugter gewesen als ihre Umgebung, dass ihr Gatte sie abgöttisch und allein liebe. Dann soll sich einmal eine Tänzerin in des Majors Schlafzimmer verirrt haben, an die sein bester Freund Ansprüche zu haben glaubte. Man hat von einem Duell gesprochen, das niemals stattgefunden hat, weil die Majorin es verhinderte. Jedenfalls fühlte sie plötzlich einen unbezwinglichen Hang zum Landleben in sich. Sie kaufte die verwahrloste Einöde Wildhof und fing an, sie auszubauen. Es heißt, dass der Major ihretwegen den Dienst quittierte und sich mit ihr hierher zurückzog. Er hatte alle Hände voll zu tun. Die Handwerker kamen nicht zum Hofe. Ununterbrochen wurde gebaut. Hier war eine Veranda notwendig, da ein Erker. Hier musste ein Turmzimmer entstehen, da musste eine Treppe versetzt werden, um Raum zu schaffen. Sie haben ja gesehen, was schließlich aus den einfachen Bauernhäusern geworden ist.«

»War der Major denn nicht im Feld?« – – »Dazu hatte er keine Zeit. Auch hatte er sich wohl ein Hüftleiden oder so etwas Ähnliches geholt. Genau weiß ich es nicht. Im Kriege hat gerade dieser Bezirk hier zwischen den Seen außerordentlich stark geblutet. Viele alte Bauernhäuser wurden leer. Und die Majorin verliebte sich alle Augenblicke in ein anderes, abseits gelegenes Haus. Sie kaufte und baute, baute und kaufte. Endlich besaß sie vierzehn Häuser.

In der Inflation ging dann eins nach dem andern wieder verloren. Eines Tages fing sie eine Entenzucht an. Um etwas zu verdienen, wie sie sagte. Sie bekam es aber nicht fertig, eine von ihren Enten zum

Schlachten zu verkaufen oder gar selber zu essen. So wurde es ein Entenpensionat. Hinter ihrem Hause liegt der Entenfriedhof. Wenn nicht Klothilde gerade heute ans Sterben gedacht hätte, so würden Sie ihn gesehen haben. Jede Ente hat ihren Hügel und ihre schöne gemütvolle Grabschrift.«

»Und der Major war da völlig machtlos?« – – –

»Er hat eines Tages vor ihren Augen ihre Lieblingsente erwürgt. Das war wohl nicht das Richtige. Von dem Tage an ist auf dem Wildhof alles sehr schnell einem traurigen Ende zugegangen. Als der Major dann erfuhr, dass der Wildhof von seinem ehemaligen Freunde gekauft war, dass er also zur Miete bei diesem wohnte, da erschoss er sich. Das ist die ganze Geschichte. Und nun fressen die Enten die Majorin bei lebendigem Leibe auf.«

»Es ist kaum mehr etwas Menschliches an diesem Gesicht.«

– – »Aber was wundern Sie sich darüber«, sagte Silvie kühl und ruhig, »Sie wissen doch wie ich, dass sehr wenig notwendig ist, um uns Frauen von Grund auf zu verändern … Nur – – die Männer wissen das nicht!«

Ich sah sie atemlos an. Sie aber schaute prüfend über die weiten Nebelhänge hin, während wir ihrem eigenen sauberen und geschmackvollen Landhause zuschritten.

Sie spricht nun einmal nicht über sich selber.

1 Kommis: kaufmännischer Gehilfe, Kontorist
2 Orientteppich
3 Hans Holbein (1497-1543), deutscher Renaissancemaler
4 Protagonistin der gleichnamigen Tragödie Frank Wedekinds
5 Gertrud Eysoldt (1870-1955), deutsche Schauspielerin und Regisseurin

Ludmilla, die Unverwüstliche, und ihr Paradies für Neuromantiker

Meine Freundin Ludmilla ist wie ein Stehauf-Weiblein. Immer dreht sie sich mit der ihr eigenen Holundermarkgrazie mit dem edelsten Körperteil wieder nach oben. Immer hat sie etwas, womit sie die Menschheit beglückt, und immer ist sie selber restlos glücklich in dem Glück, dass sie anderen spendet.

Vor zwei Jahren betrieb sie ein Heiratsbüro auf astrologischer Grundlage. Sie beschäftigte drei abgebaute Redakteure, die den ganzen Tag Liebesbriefe schreiben mussten, und besaß einen kleinen Opel, der bereits angezahlt war. Wie ein munterer Delfin plätscherte sie in all der ozeanblauen Seligkeit, die sie stiftete.

»Siehst du, Darling«, sagte sie zu mir, »bald werden die Ehen in der ganzen Welt nur noch aufgrund genau berechneter Horoskope geschlossen werden. Nur auf dieser Basis ist völlige Harmonie und dauerndes Glück garantiert. Es ist todsicher.«

Als ich sie im *vorigen Jahr* besuchte, fiel sie mir begeistert um den Hals. Sie hatte eine Erfindung gemacht.

»Und die Astrologie?«, fragte ich.

»Ach«, sagte sie, »die Ehe ist ja an und für sich schon überholt. Und dann stimmt ja bei den Horoskopen immer irgendetwas nicht genau. Entweder ist es die Geburtsstunde ... oder der Mensch ... oder der Himmel ...«

Kurzum, sie hatte Sonne, Mond und Sterne an den Nagel gehängt. Ihre Erfindung war *intimer Natur*.

»Du wirst sehen«, versicherte sie mir, alle Frauen der Erde werden glücklich werden. Es ist todsicher.« – – –

Vor einigen Tagen suchte ich Ludmilla wieder einmal auf. Ein zwei Meter langer Neuseeländer, in der malerischen Tracht seiner Heimat, nahm mich am Portal ihrer Villa zähnefletschend in Empfang. Eine bunt gewandete Georgierin geleitete mich mit geheimnisvollem Monalisalächeln durch die zahlreichen Räume des Erdgeschosses. Immer, wenn eine Türe sich hinter uns schloss, schienen wir in einem anderen Erdteil zu sein. Menschen der verschiedensten Rassen, alle in fantastischen Gewändern, standen und lagen zwischen Kübelpalmen, exotischen Blumen, Fellen, Früchten und Waffen aller Art herum. Die Georgierin empfahl mich einem Tungusen[1], der mich eine Treppe hinaufführte. Im ersten Stockwerk stand ein feierlicher junger Inder. Mit der Geste eines gütigen Maharadscha öffnete er mir eine dreifach gepolsterte Türe ... und ...:

... Von einem Haufen bunt schillernder Kissen sprang Ludmilla auf mich zu: »Was sagst du zu meinem Institut?«, fragte sie strahlend.

»Ja, aber deine Erfindung?«, fragte ich frauenbesorgt.

»Ach du weißt doch, die meisten Frauen *wollen ja gar nicht glücklich sein!* – – Und dann sind sie auch undankbar ... wirklich! ...«

Kurzum, Ludmilla hatte die Frauen und die Erfindung an den Nagel gehängt und arbeitete fast nur noch mit dem anderen Geschlecht. Ihr ›Institut‹ kam, wie sie mir sofort auseinandersetzte, einem *dringenden Bedürfnis der deutschen Männlichkeit* entgegen.

»Sieh, Darling«, sagte sie, »es muss doch bei uns in Deutschland jetzt gespart werden. Überleg' aber einmal, wie viel unnützes Geld allein bei uns verreist wird! – – und wozu reist der Deutsche? – – Abgesehen von Geschäftsreisen doch nur, um seine Mitmenschen mit Ansichtskarten zu ärgern oder um aus irgendeinem Grunde einmal irgendwohin zu verschwinden.

Aus dieser Erkenntnis heraus habe ich mein Institut gegründet. Der Zufall kam mir zu Hilfe. Ich erfuhr – natürlich so hinten herum –, dass mehrere in der Öffentlichkeit stehende Herren längere Reisen zu machen beabsichtigten. Da war ein *Bankdirektor*, der hatte den brennenden Wunsch, sich eine Zeit lang in Persien aufzuhalten. Ein *Stadtrat* – aus einer benachbarten Provinzstadt – wollte ein bisschen nach Mexiko, weil er sich für Orchideen und kleine Pelztiere interessierte. Der *Verleger* eines großen *Gewerkschaftsbundes* hatte eine unbezwingliche Karl-May-Sehnsucht nach Argentinien, und ein bekannter politischer *Schriftsteller* wollte Kleinasien und die Mittelmeerländer bereisen, ohne dass seine Frau ihn erreichen konnte. Die deutschen Männer sind ja so romantisch!

Da waren nun *vier* ältere Herren, alle um die Fünfzig herum, die doch schon ein bisschen Lebensbequemlichkeit gewohnt waren. Nun denk' dir doch die

Unbequemlichkeiten auf langen Reisen! Die Gefahren ...! Das andere Essen, das andere Klima, die Verdauung ...! Die fremden Sprachen ... die ganze *Ungemütlichkeit* ...! Sie taten mir schrecklich leid. – Und dann sollte doch auch gespart werden!

Ich setzte mich zu allererst mit dem *Bankdirektor* in Verbindung. Er verstand mich sofort. Diese Leute haben eine so schnelle Auffassung! Ich fuhr mit ihm zu Zicken-Emil nach Neukölln. Ein hochbegabter Mensch! Früher Frisör. Der machte binnen kurzem einen ganz anderen Menschen aus ihm. Dann verschaffte ich ihm zwei Komfortzimmer, wo er unangemeldet, so als Onkel auf Besuch, leben konnte. Ich lieh ihm Mittelholzers Buch ›Flug über Persien‹, damit er sich über sein Reiseziel doch etwas orientierte. Das Kino gab den nötigen Anschauungsunterricht. Ein Freund aus Teheran schickte mir ein Päckchen Ansichtskarten. Mein Bankdirektor füllte sie aus. Sie gingen nach Persien zurück und wurden von dort an seine Familie befördert, damit man sich doch nicht um ihn ängstigte.

In Persien forschten einige seiner Landsleute eifrig nach ihm, aber natürlich vergebens.

Bei dem *Stadtrat* wandte ich ähnliche Methoden an. Ich kaufte kleine Pelztiere, die ja in den Sklarek[3]-Versteigerungen billig zu haben waren, besorgte Orchideen, nahm eine kleine Wohnung im Grunewald und ließ wunderhübsche Fotos von ihm anfertigen. Man sah ihn darauf, wie er Beutelratten jagte in Texas und Orchideen pflückte in Los Angeles. Die Bilder wurden von Mexiko aus, wo auch ein früherer Freund von mir lebt, an seine Kollegen und seine Frau geschickt. Er selber sammelte inzwischen Briefmarken, trank bayerisches Bier und war mit sich, mit mir und mit der Welt zufrieden. Ein mir bekannter Dichter war inzwischen Geschäftsführer in einem deutschen Speisehause in St. Jago del Estero geworden. Er vermittelte mir die Post für den *Gewerkschaftsverleger.* Dieser selber saß, von Zicken-Emil sinnvoll verwandelt, in einem reizenden Häuschen bei Pichelswerder, las Karl May, hatte seine Bequemlichkeit, seinen Weinkeller, und seine Seele war harmonisch und glücklich.

Die meisten Schwierigkeiten hatte ich mit dem *Schriftsteller.* Ich mietete ihm ein vornehmes Junggesellenheim. Aber er lebte den ganzen Tag bei heruntergelassenen Jalousien, denn er hatte furchtbare Angst vor seiner Frau. Aber schließlich funktionierte auch er. Er schrieb glänzende Artikel über die Mittelmeerländer, und man fand allgemein, dass er Land und Leute ausgezeichnet studiert hätte.

So habe ich angefangen. Mit einem Teil des Geldes, das ich den vier Herren ersparte, errichtete ich mein Institut. Ich bekam bald großen Zulauf. Es ist ein *Paradies für Romantiker*, Darling! Es ist das, *was den deutschen Männern fehlte.*

Heute besitze ich große Kartotheken mit Ansichtspostkarten aus aller Herren Länder und meine Reisenden können die Ziele ihrer Sehnsucht hier bei mir eingehend studieren. Ein Kino ist angegliedert, wir haben ein Aquarium, eine geographische Bibliothek, eine exotische Gärtnerei. Ein Prozentsatz aller ersparten Reisegelder wird immer wieder der großen *Idee* zugeführt. Alle meine früheren Freunde sind für mich tätig. Alle sind glücklich. Aber Sie kennen natürlich nicht den Endzweck meines Institutes. Wir arbeiten selbstverständlich ganz diskret! Das liegt ja in der Natur der Sache.«

»*Wir?*«, fragte ich.

»Ach«, lächelte Ludmilla und errötete lieblich, »ich habe nämlich wieder einen besonderen Freund ... einen Russen. Im Kriege war er Dolmetscher. Er spricht zehn Sprachen und ist ein ganz genialer Mensch. *Er hilft mir Ordnung halten und am rechten Fleck für unser armes Land sparen ...*«

»Fabelhaft«, sagte ich, erschüttert von so viel Genialität.

---

1 Angehöriger eines mandschurischen Volksstammes im östlichen Sibirien
2 Walter Mittelholzer (1894-1937) war ein Schweizer Luftfahrtpionier. Sein Buch »Flug über Persien« erschien 1924.
3 Versteigerung im Zuge des Korruptionsprozesses um die Brüder Max, Leo und Willi Sklarek in Berlin ab 1929

Auch veröffentlicht in: Simplicissimus, 34. Jg. (10.3.1930), Heft 50, S. 606

Die Ehescheidungsschule

Niemals habe ich meine Freundin Ludmilla blühender und lebendiger gesehen als auf dem Flughafen bei Potsdam, wo wir uns nach zweijähriger Pause verabredet hatten. Sie umarmte mich stürmisch und drängte mich zu ihrem rosenfarbenen Flugzeug. »Schön, dass du da bist«, zwitscherte sie, »Ich brenne ja darauf, dir meine Divorcing-School zu zeigen. Ich sage dir, mein ganzes Leben mit all seinen Wandlungen war nur eine einzige Vorbereitung für dieses Ziel, das jetzt erreicht ist. Ich bin so glücklich!«

Sie hob mich förmlich auf das festgepolsterte Passagiersesselchen, wo ich zwischen vielen kleinen Paketen traulich eingeklemmt saß, drückte mir eine Tüte mit Bananen unter den Arm und schwang sich selber strahlend auf den Führersitz. Wir stiegen auf. Spielend lenkte sie die Maschine. Ehe ich recht zur Besinnung gekommen war, hatten wir bereits Havel und Elbe überquert. Als wir tiefer hielten, erkannte ich einige Kirchtürme von Hamburg, die aus grauer Mullschicht aufspitzten. Dann wurden wir in Nebeltücher eingewickelt. Trotzdem wurde der Flug nicht unsicherer. Wir landeten nach kaum zwei Stunden, wunderlich glatt wie in einem langsam auslaufenden Rodel auf einer ebenen Fläche, deren eines Ende von drei massigen Gebäuden abgeschlossen war. Ludmilla stieß einen Signalpfiff aus. Sechs geschmeidige Jünglinge entstürzten dem ersten der Bauwerke. Sie trugen rosa und grün karierte weite Hosen und ebensolche Leibchen. Behängten sich mit den Paketen, schoben das Flugzeug in einen offenen Schuppen. Ludmilla riss die Lederhaube ab, küsste mich noch einmal und sagte:

»Willkommen auf Övelböm!«

»Övelböm?«, fragte ich und sah mich um.

»Ja«, lachte sie, »das ist unsere Insel an der holländischen Grenze. Die haben wir gekauft für unsere Ehescheidungsschule.«

Wir gingen auf das mittlere der drei Häuser zu. Ein Riesenraum tat sich vor uns auf. Strenge Linien. Glasdach. In der Mitte der einen Wand, die nur Fenster war ohne Vorhang, stand ein längliches Podium aus Spiegelglas. In Meterhöhe war es ebenfalls von funkelnden Spiegeln eingefasst. Das einzige, was etwas Gemütlichkeit in dieser nüchternen überhellten Halle andeutete, waren niedrige Lederpolster, abwechselnd grün und rosa, die in Hufeisenform um das Spiegelpodium gruppiert lagen.

»Du befindest dich in der ›Hall of Justice‹, dem ›Saal der Gerechtigkeit‹«, sagte Ludmilla, »wie gefällt er dir?«

»Noch durchschaue ich seinen Zweck nicht«, antwortete ich vorsichtig. Ludmilla zog mich auf ein Polster nieder. »Sieh, Darling, unsere Zeit schrie ja doch nach dieser Ehescheidungsschule. Der Schrei war nicht zu überhören. Auch Mrs. Overeye hörte ihn. In Kansas. Sie war früher einmal mit irgendjemandem verheiratet. Sie besuchte mich in meinem Institut für Neuromantiker, in dem auch du mich vor zwei Jahren aufsuchtest. Durch sie erkannte ich, dass ich in diesem Institut eigentlich den Lastern des Mannes, besonders seiner Bequemlichkeit, Vorschub leistete. Ich schämte mich vor Mrs. Overeye …, gab die Neuromantik auf und gründete mit der Amerikanerin – – die übrigens acht Dollarmillionen schwer ist – – die Divorcing-School, nach der die Welt schrie. Wir arbeiteten zusammen das Programm aus. Der Erfolg, der alle Erwartung übertrifft, bestätigte uns. Der eherne Grundsatz, auf dem wir aufbauen, für den wir kämpfen und den wir zu einem Paragrafen des Männergesetzes gestempelt haben wollen, heißt: Kein Mädchen darf eine Ehe eingehen, ehe es nicht seinen Ehescheidungsprozess siegreich hinter sich hat.«

Ich sah Ludmilla wohl etwas töricht an.

»Ja«, fuhr sie nachsichtig lächelnd fort, »einen Ehescheidungsprozess mit all den Unmöglichkeiten, die der Mann erfunden hat, um eine unbequeme Frau möglichst vorteilhaft wieder loszuwerden. Auf Övelböm werden Mädchen aufgenommen von 16 bis 22 Jahren. Vorläufig nur aus Deutsch und Englisch sprechenden Kulturstaaten. Aber wir werden erweitern, Weltgeltung bekommen! Der Kontrakt mit den Eltern läuft immer auf ein Jahr. Nur durch hohe Konventionalstrafe kann er innerhalb dieser Zeitspanne gelöst werden. Aber unsere Mädchen sind so glücklich, dass dies fast ausgeschlossen ist. Abwechselnd haben sie die Rolle des Mannes oder der Frau zu übernehmen. Zu Anfang jedes Monats wird das Geschlecht von Mrs. Overeye verteilt. Die Kleidung ist uniform, wie du gesehen hast. Nur die Krawatte deutet diskret in ihrer Farbe das angenommene Geschlecht an. Rosa natürlich weiblich.«

»Gibt es denn da keine Verwechslungen?«, warf ich nachdenklich ein. »Nie«, lehnte Ludmilla überzeugt ab, »Mrs. Overeye hat eine geradezu geniale Art, bei der Verleihung auch die juristische Bewusstheit des jeweiligen Geschlechtes zu wecken.«

»Aber was bezweckt diese Vortäuschung einer Ehe?«

Ludmilla zog die Brauen hoch: »Sieh, Darling, die Ehe ist doch nichts weiter als ein kosmischer Irrtum. Darüber sind wir uns doch alle klar. Ebenso klar aber ist es, dass sie vorläufig nicht ganz zu entbehren ist, teils aus Billigkeitsgründen, teils aus Standesrücksichten. Man muss daher bestrebt sein, den kosmischen Irrtum möglichst zu regulieren. Als Problem des Kindes ist er für die Kulturstaaten erledigt. Was für ein Problem bleibt also für das weibliche Geschlecht übrig? Nur das der Ehescheidung! Jeder besseren Brautausstattung ist ohnedies ja schon ein besonderes Ehescheidungsgewand beigefügt. Aber dies ist rein äußerlich. Das innere Rüstzeug der Frau für diese Zeremonie ist bisher unzureichend gewesen. Dieses notwendige Rüstzeug gibt unsere Schule dem weiblichen Menschen mit ins Leben! Zu erreichen, dass die Frauen fortan lächelnd, unbeschadet ihrer Seele, geschmackvoll und dem Manne überlegen aus einer Ehe in die andere gleiten wie in eine duftende Badewanne, das ist Ziel und Endzweck unseres wahrhaft humanen Unternehmens.«

»Im Ganzen nicht übel«, anerkannte ich, »Nur die Rolle des männlichen Teils scheint mir in eurer Schule noch nicht ganz klar umrissen zu sein …«

»Du bist schwerfällig geworden in deiner Einsamkeit«, erwiderte Ludmilla sanft, »der männliche Teil hat nicht viel mehr dabei zu tun, als sich möglichst dumm und störrisch zu benehmen und möglichst viele Angriffsflächen zu bieten für den Höhepunkt des laufenden Kursus, eben die Zeremonie der Ehescheidung. Du kannst dir gar nicht denken, wie die Fantasie unserer Schülerinnen gerade durch diese männliche Rolle angeregt wird, und wie heftig sie danach streben, sie zu erhalten. Mrs. Overeye beherrscht souverän die juristische Theorie, den Paragrafen. Mir dagegen kommen meine vielfachen Lebenserfahrungen außerordentlich zugute. Ich durchpflüge die Theorien praktisch. Es ist übrigens nahezu eine mystische Gebundenheit, die Mrs. Overeye und mich verknüpft. Aber ich sehe deinem Gesicht an, dass du noch kein einheitliches Bild hast. Komm!«

Wieder küsste sie mich und riss mich hoch. Aus der Halle der Gerechtigkeit zog sie mich fort, über Tennis-, Turn- und Fußballplätze hinüber in das erste der Gebäude hinein. Sein Inneres war ganz in Rosa gehalten. Es wimmelte von rosa-grün behosten, meist überschlanken Gestalten. Eine Unmenge kleiner, grün lackierter Türen mündete in die Haupthalle. Ludmilla öffnete eine solche Tür. Ein winziges Gemach mit hochgelegenem Fenster kam zum Vorschein. Es war wie eine Schiffskoje und enthielt nichts als ein breites niederes Lager mit tiefhängender Ampel darüber und einen kleinen eingebauten Wandschrank aus Glas, in dem elektrische Pfannen und Teegeräte standen. »Du siehst«, erklärte Ludmilla,

»auch die Schlafräume sind uniform. Hier beköstigen sie sich selbst, hier verabreden sie Plänkeleien, Duelle, Überfälle, hier führen sie gewissenhaft Buch über alle Vorkommnisse und Ungehörigkeiten in ihrer Ehe. Natürlich gibt es hier auch Überraschungen und Ehe-Irrungen. Die Kinder leben von Tee, Bananen, Zwieback und Buchweizen. Wir machen uns leicht für die Zukunft, für das Reich der Luft. Die Küche ist ja ebenfalls ein überwundener Faktor. Die Bananen beziehen wir billigst in Schiffsladungen. So haben wir gar keine Arbeit mit den Mahlzeiten und können uns ganz den geistigen Zielen widmen. Dies hier ist also die Hall of Society, die Gesellschaftshalle. Hier bereiten sich die Paare vor auf alle die Kniffe und juristischen Drehs, mit denen dann das große Schauspiel der Ehescheidung, dem sie mit ungeheurer Spannung entgegensehen, in der Hall of Justice vor sich geht. Unserem Betrieb sind große Sekretariate angegliedert, juristische Beratungsstellen, Büros für Ehekontrakte, die ins Kleinste ausgearbeitet werden, um dann bei einer Scheidung geltend gemacht und verfochten zu werden. Unsere neueste Nuance ist ein Ehescheidungsparfum, das auf weibliche Wesen eine beruhigende, auf männliche Wesen eine aufreizende und verwirrende Wirkung ausübt. Erprobt in Kansas, auf der Riesenfarm von Mrs. Overeye, wo sie gerade jetzt die erste Filiale unserer Schule zu errichten im Begriff steht. Schade, dass du sie diesmal nicht kennenlernen kannst! Strengstes Prinzip ist natürlich auch, dass nicht eine einzige Scheidung wie die andere verläuft. Der ›Paragraf‹, diese groteske Waffe, die mit Vorliebe gegen die Frau erhoben wird, muss bis in den letzten

Splitter hinein durchleuchtet werden. Das Suchen nach neuen, originellen Scheidungsgründen und Verwicklungen, nach dramatischen Höhepunkten und besonderen Endresultaten nimmt die geistige Kraft unserer Adeptinnen[1] auf das liebenswürdigste in Anspruch.«

»Und die Scheidungen selber?«, fragte ich.

»Ich sagte ja bereits, sie finden in der Halle der Gerechtigkeit statt, in der auch biologische Aufklärungsfilme und Vorträge, Redeübungen und Boxkämpfe zwischen den männlich betonten Nebenbuhlern abgehalten werden. Bei der Scheidungs-Zeremonie nimmt das scheidende Paar auf dem Spiegelpodium Platz. Hier, wo jede kleinste Bewegung sich in den Spiegeln wie unter der Zeitlupe vergrößert, jede Änderung des Gesichtsausdrucks darin zur Grimasse wird, lernen unsere Töchter, dem Spott der Genossinnen rücksichtslos preisgegeben, Mäßigung der Geste, Schönheit der Linienführung und – – Erfassung der kleinsten Vorteile, die die Blöße des Partners bietet. Alles in allem, sie lernen, ihre eigenste Sache zu Ende zu führen mit Takt, Klugheit und Besonnenheit, zu ihrem Nutzen und Frommen. Nur diejenigen, die siegreich aus diesem letzten Kampf hervorgehen, rücken dann auf in die dritte Halle, die ›Hall of Liberty‹. Hier natürlich haben sie völlige Bewegungsfreiheit. Alles steht zu ihrer Verfügung, alles ist erlaubt. In unseren kleinen Flugzeugen machen sie Ausflüge nach Brüssel, nach Berlin, nach Kopenhagen, in die großen Weltbäder. Sie haben hier Gelegenheit, in dem letzten Monat des Jahres auch die praktischen Erfahrungen mit dem wirklichen Mann zu sammeln, ohne die eine moderne Ehe nicht denkbar, zumindest aber disharmonisch ist. Du kannst dir wohl vorstellen, Darling, wie alle unsere Schülerinnen sich Mühe geben, um diese dritte Stufe, die der vollkommenen Beschlagenheit in Ehe und Ehescheidungssachen zu erreichen …«

»Ja, das kann ich mir vorstellen«, sagte ich überwältigt.

»Und alle Ehen, die ehemalige Schülerinnen bis jetzt geschlossen haben, sind glücklich, auch wenn sie nicht von langer Dauer sind. Denn alle wissen, worauf es ankommt. Aber komm! Komm weiter!« Und Ludmilla schlüpfte selber schnell in eine rosa-grüne Uniform. »Du musst unbedingt an einem von Mrs. Overeye kunstvoll konstruierten Divorcing-Match teilnehmen. Es findet in Form einer lebenden Schachpartie auf den rosa-grünen Fliesen der Freiheitshalle statt. Oh Darling, wie schade ist es doch, dass du keine Tochter hast, die ich dir erziehen kann …«

1 Schülerinnen, Eingeweihte

Mamsell-machine und die Rosen
von Schiras[1]

Sehen Sie, ich bin doch jetzt eine alte Mama, bei der manches schon wackelt. Mit diesem Wackeln fing es an, als der Hausherr nach 25-jähriger Ehe Mamsell-machine entdeckte, die ›inklusive‹ ist.

Er wäre ja auch ein Trottel gewesen …

Mamsell ist *so* bescheiden. Sie verlangt kein Heim, dessen Miete vierteljährlich zu zahlen ist – – nur ein Hotelzimmer, das täglich beglichen wird.

Sie verlangt kein Doppelbett – – nur eine Badewanne zur Dauerbenutzung.

Wie bequem!

Was soll ich Ihnen sagen: Als sich auch noch ein Freund von Mamsell meldete, der dafür garantierte, dass sie noch Jungfrau sei, war der Hausherr restlos begeistert und verschwand mit ihr ins Ausland, dahinten bei Kleinasien, wo die Venüsse von den Bäumen tropfen und der Islam allerlei Annehmlichkeiten bietet.

Ich war recht unglücklich. Ohne jedes Wirtschaftsgeld, denken Sie sich doch nur!

Ich ging zu einem alten Freund, einem Juristen, der sich inzwischen einen unendlich langen Titel zugelegt hat, den ich nie behalten werde.

»Raten Sie mir, was soll ich nur tun? Mein Haushalter ist mir durchgebrannt mit der Mamsell-machine, die ›inklusive‹ ist. In die Nähe von Schiras, wo alle Maschinen mit Rosenöl geschmiert werden.«

Der alte Herr, der meinetwegen extra Sandtorte gebacken hatte, kratzt sich eine halbe Minute lang den Bart, den er nicht hat. Dann sagt er dumpf und visionär, als ob er über Schwefeldämpfen säße: »Treiben Sie Sport!«

Ich danke ihm für diesen ausgezeichneten juristischen Rat, empfehle mich und gehe. Das Schöneberger Ufer entlang.

Die Sache spielt nämlich in Berlin. (Wo dachten Sie?) Und nun treiben Sie einmal Sport, mit 28 Pfennigen in der Tasche und einem Stück Sandtorte, das Ihnen die Haushälterin eines alten, weise gewordenen Freundes dazugesteckt hat!

1 Die iranische Stadt Schiras (Schiraz) ist für ihre Rosenzüchtungen berühmt.

Johnny, altes Mondkalb!

Am Schöneberger Ufer kommt mir jemand entgegen. Grüßt.

»Johnny! Wo kommen denn Sie hier?«

»Aus München natürlich!«

»Was machen Sie denn hier?«

»Nu so … Film … das heißt, gelegentlich, wenn es gerade etwas zu tun gibt.«

Sie können sich nicht denken, was Johnny für ein smarter Junge ist. Tadellose Figur, dunkle, seelenvolle Augen, ein bisschen Locken, wirklich außergewöhnlich hübsch. Alle wissen es, alle sehen es. Nur er selber scheint keine Ahnung davon zu haben. Er hat ein schweres Laster: eine unwahrscheinliche Bescheidenheit. Ich denke an das Stück Sandtorte und nehme Johnny mit zu mir zum Tee.

»Warten Sie, Johnny! Erzählen Sie von München! Ich will nur schnell noch die paar Stiche an meinem Rock fertig nähen, bis das Wasser kocht.«

Mit einem Satz sitzt er neben mir, reißt mir den Rock aus der Hand: »Nein, lassen Sie mich …!«

»Was denn …?«

Er sieht meine Näherei an, weint beinahe: »Das kann man doch nicht so lassen, das sind doch keine Stiche, das muss doch aufgetrennt werden.«

Ich sehe ihn dumm an.

Schon hat er eine Schere in der Hand, schon trennt er alles auf, was ich mühselig genäht habe. Dann verlangt er einen Fingerhut.

»Was fällt Ihnen denn nur ein, Johnny, Sie sind doch keine Nähmamsell!«

»Nein«, sagt er bescheiden, »es ist nur eine Leidenschaft!«

»Was, Leidenschaft! Nähen?«

»Ich dachte, Sie wüssten es von Fräulein Hohorst in München? Ich habe ihr doch auch die schönsten Kleider genäht. Ich muss doch nähen.«

Da sitzt er. Mit geröteten Backen, aufrecht, schön, männlich und – – näht. Näht mit der linken Hand gewissenhaft, Stich um Stich, meinen alten Rock.

»Ich will ein Kleid für Sie nähen«, sagt er und sieht mich liebevoll an. »Den Stoff will ich selber aussuchen, etwas wie maisgelbe Liberty, das würde zu Ihrer Haut stehen. Leicht und gefällig, ohne alle Mätzchen. Ich sehe es schon …«

»Aber Johnny!«

»Bitte, bitte, lassen Sie es mich für Sie nähen! Ich kann Ihnen doch nur so beweisen, dass ich Sie verehre.«

»Johnny, altes Mondkalb, ich habe 28 Pfennig in der Tasche.«

»Ich habe nur drei«, murmelt er bescheiden.

Künstliche Liebe

Da steht der kleine Nervosan-Bestrahlungsapparat, den ich seit meinem Unfall immer bei mir habe. Johnny befühlt den Kasten.

»Foto?« – – – »Nein, kennen Sie das nicht? Das ist ›künstliche Liebe!‹

»Ah«, macht Johnny interessiert.

Ich stelle den Kontakt her: »Legen Sie die Hand auf den Nickelknopf!« – – Er tut es. Der kleine Apparat singt sein Kraftlied und gibt seine elektrische Ladung an Johnny.

»Spüren Sie etwas?«

»Nein!«

»Gut. Nun passen Sie auf. Nun hole ich mir Kraft von Ihnen!« – – Ich berühre ihn an der Nasenspitze. Er zuckt ein wenig zusammen. Funken springen heraus. Ich fahre ihm über die festen braunen Locken. Sie stehen voller rötlicher Lichter. Ich fasse seine Ohrläppchen an, elektrische Irrlichter hüpfen zu meinen Fingerspitzen herüber. Von seiner Hand, von seinem Arm, von seinem Nacken, von überall her hole ich mir die roten Kraftteufelchen und lasse sie in mich einwandern.

»O Johnny, was geben Sie für prachtvoll rote Funken! Rot wie die Strahlen des Mars selber, der der Erosbedeuter ist.«

Er steht wie ein Turm und sprüht Feuer.

»Nun aber umgekehrt. Sie werden sehen, ich werde nicht mehr so strahlende Kraft abgeben wie Sie. Aber pumpen Sie, was zu pumpen geht!«

Ich lege die Hand auf den Nickelknopf. Der Apparat singt seine Ladung in mich hinein. Johnny berührt ehrfürchtig meine Nasenspitze. Violette Fünkchen springen in seinen Finger. Er berührt mein Haar, es tanzen bläuliche Irrlichter zu ihm hinüber. Von meinen Fingern, von meinem Arm, von meinem Hals sprüht es indigofarben in seinen Körper.

»Sehen Sie, Johnny, so denke ich mir die Ehe der Zukunft, wenn unsere Entwicklung in den jetzigen Geleisen weitergeht. Wenig Zeit raubend, sauber, billig, automatisch! Künstliche Liebe!«

»Aber das wäre doch eine Lösung! Das wäre doch ideal!« – –

Er steht vor mir, groß, jung, schön, warm – – – und doch irgendwie verzaubert, sich selber und seinem eigentlichen Wesen entrückt. »Die Sache hat einen Haken, Johnny. Über den möchte ich Sie gern aufklären. Sehen Sie mich einmal an: Ich bin doch jetzt eine alte Mama und müsste eine ganze Herde kleiner rosiger zappelnder Enkel um mich haben. Aber da versagt der Apparat. Da versagt die künstliche Liebe. Großmama kann man dabei niemals werden!«

Johnny muss sich
vom Weibe emanzipieren

»Aber Johnny, was treiben Sie denn da?«

»Ich muss mich vom Weibe emanzipieren«, sagt er zähneknirschend aus der Ecke des kleinen Zimmers.

»Mit dem Knopf …?«

»Mit dem Knopf fängt es an«, zischt Johnny und wickelt den Faden wohl achtzig Mal um diesen herum, bis er wie auf einem Thron von schwarzem Garn sitzt. Dann beißt er ihn – den *Faden* natürlich – mit seinen schönen, festen Zähnen ab.

»Das ist ein Irrtum«, sage ich und ziehe die Türe hinter mir zu, nicht mit dem Knopf, mit dem *Kopf* fängt es an bei euch, mit dem Esels- oder Schweinekopf nämlich, den Eros-Puck[1] euch zeitweise aufsetzt. Aber geben Sie doch erst einmal Ihre Jacke her, das Futter hängt ja auch heraus …«

»Ja, mit dem *Futter* geht es dann weiter …«, sagt Johnny und starrt in die Unendlichkeit.

Ich nehme die Jacke aus seiner Hand: »Bis auf Ihre blauschwarzen Locken scheinen Sie doch ein ganz vernünftiges Menschenkind zu sein, Johnny, was also ist los mit Ihnen?«

Da sieht mich alles Männerelend der Welt aus verschleierten Augen an, und während sich das Sergefutter unter meinen mütterlichen Händen wieder in den Ärmel fügt, legt sich vor mich hin ein zerfranstes und zuckendes Knabenherz: Er heißt ja gar nicht Johnny. Stammt auch gar nicht aus Bilbao, sondern aus München. Die Cenci im Mathäser[2] hat ihn immer Peperl genannt, weil er eigentlich Josef heißt. Die Cenci, deren weiß gestärkte Schürze hinten drei Knöpfe hat, und dann so auseinander geht – nach unten zu … Aber kann man in Berlin Josef heißen? Oder gar Peperl? Es muss Weite in einem Namen sein, wenn sein Besitzer springen soll. In Berlin herrscht ein ganz neues Raumgefühl, besonders was Namen anbetrifft. Josef riecht nach Weihrauch und Peperl nach Spiritusembryo.

Es muss Weite in einem Namen sein! – Das sagte Sonja auch, als sie ihn, Peperl aus München, kennen lernte.

Wer Sonja ist?

Das ist mit wenigen Worten schwer zu sagen.

Sonja kommt in einer Vielfältigkeit der Erscheinungsformen vor, gegen die der antike Hydrakomplex[3] (für modern Ungebildete Konversationslexikon Buchstabe H-y!) belanglos ist. Reist ein Sonjabubikopf fort, das heißt, wird er von höheren Mächten nach Bessarabien oder Südchina verschoben, so tauchen sofort hundert Sonjaersatzköpfe aus dem Nichts hervor.

Seit einem Jahrzehnt erobert Sonja Berlin und die umliegenden Ortschaften. Sie versteht Erobererhandwerk. Immer ist sie ausgesprochen zierlich und hübsch, immer auf eine ganz besondere Art unsolide, und immer hat sie zufällig in ihrer Sparkasse ein paar Rubelchen oder Smaragde, mit denen sie helfen kann, wenn Not am Mann ist.

Als Peperl sein Exemplar von Sonja kennenlernte, rauchte er sich als Gelegenheitsstatist so durch die dunstigen Tage hindurch, und die Nächte verbrachte er auf einem Diwan bei einem gefälligen Landsmann. Sonja fand das unrationell. Sie war für eine zweckmäßige Verteilung der Kräfte. Sie nahm ihn mit in ihre Wohnung und teilte in werktätiger Liebe mit ihm ihr Doppelbett.

Jede Inkarnation von Sonja besitzt in Berlin eine Wohnung und ein Doppelbett. In kurzer Zeit brachte sie ihm Russisch bei. Und dann taufte sie ihn *Iwar*.

»Es muss Weltrevolution in dem Namen sein«, sagte sie. Das war zu der Zeit, als Piscator-Diktator[4] auf der schwindelnden Höhe des Nollendorftheaters im Westen saß. Iwar lernte Rollen bei Sonja und spielte sie so blutrünstig, dass der ganze Westen ihn als wundervoll östlich empfand.

Aber eines Tages stand das rollende Rad am Nollendorfplatz still, und Piscator bewegte sich ohne Iwar fort in die dankbare sächsische Provinz.

»Wir müssen den Namen ändern«, sagte Sonja, »man muss den Alaskafuchs in ihm heulen hören und Eiskristalle müssen darin funkeln wie Diamanten ...«

Sie nähte Iwar eine Aleütenhaube[5], zog sie ihm über die Ohren und nannte ihn *Jaujuschkajo*. Von morgens bis zum Doppelbett übte sie Eishockey mit ihm und rieb ihn auch ein wenig mit Nussöl ein. Jaujuschkajo feierte einen Wintermonat hindurch Triumphe auf den Havelseen. Dann brach er sich das Schienbein. Als er wieder notdürftig hinken konnte, malte Sonja ihm schiefe Augenbrauen, zog die Winkel der Augen mongolisch in die Länge und nannte ihn *Wu Yeng*. »Es muss etwas Katakombenwölbung in dem Namen sein«, sagte sie und führte ihn zu ihrem alten Gönner

Schen Wai aus Kanton. Schen Wai lebte in einer anmutigen Höhle mit drei Abteilungen im Zentrum. Wu Yeng lernte und verlernte viel bei ihm. Nur seinem Gedächtnis bekam die Katakombenluft nicht. Er konnte sich gar nicht recht erinnern, was eigentlich in den verschiedenen Wölbungen Schen Wais vorgegangen war. Aber das wusste er: Eines Nachts machte die Schupo[6] die Bekanntschaft Schen Wais und er reiste mit ihm im eleganten, grün lackierten Auto nach Moabit. Nur der Cocaïnwildkater, der in jener Nacht gerade auf dem Doppelbett hockte und Wu Yeng bewachte, verhinderte, dass er die Reise mitmachen durfte.

»Es weht ein anderes Lüftchen«, sagte Sonja. »Wir müssen afrikanischen Steppenwind in den Namen bekommen.« Und sie übertrug die rot getünchten Wölbungen Schen Wais in Miniatur auf die Lippen Wu Yengs, sodass sie dunkel und saftig nach oben und nach unten auseinanderstrebten. Sie färbte seine Haare blauschwarz und ließ ihm Dauerwellen machen. Dann nannte sie ihn *Johnny*. Das Neue und Aparte daran war das »h« in seiner Mitte: Jo-h-nny!

Johnny war eine Künstlernatur und besaß Einfühlung. Er war für jede Nummer zu haben, die Sonja von ihm forderte. Er trat von nun an in einem Kabarett in der Nähe des Kurfürstendamms auf, das einem universellen Rhythmus bahnbrechend Ausdruck verlieh.

Johnny rüttelte mit dunklen Armen an den Pfosten der Welt. Er rüttelte und schüttelte sich, rasselte mit Muschelketten, tanzte und sang. Mit Sonja, ohne Sonja … gab Herzenstöne von sich und kriegerische

Kehllaute. Schlug auf afrikanische Instrumente ein und dichtete schwarze Befreiungshymnen, wobei er sich des Wortschatzes seiner Urheimat bediente. Er boxte schließlich auch mit kriegerischen Jünglingen aus dem Publikum, trotzdem diese Beschäftigung eigentlich seinem friedfertigen Naturell nicht entsprach. Aber wenn Sonja es doch wünschte!

Da kam eines Abends das Schicksal in das Kabarett. In Gestalt Jimmy Lovers aus Kanada. Jener Jimmy mit den Hausknechtsfäusten, die man sogar im »Doofen Hund« fürchtete, weil in ihm zugleich kanadische Prärie und nubische Wüste waren.

Johnny wurde elend in den Souffleurkasten geboxt, und Jimmy Lover stellte seinen Boxerschuh darauf. Noch am selben Abend nahm Sonja die Wohnungsschlüssel aus Johnnys Manteltasche und teilte fortan die Werktätigkeit mit dem Kanadier. – – –

Ja … und nun saß Johnny der Friedfertige hier im kleinsten Zimmer der Pension und musste sich vom Weibe emanzipieren. Fing mit dem *Knopfe* an und wusste noch nicht, wo er endigen würde …

»Johnny«, sagte ich, »ich beschwöre Sie, ändern Sie noch ein einziges Mal Ihren Namen! Es muss etwas Malzgeruch in Ihrem neuen Namen sein, und es muss in ihm knistern wie von weiß gestärkten Schürzen, die hinten drei Knöpfe haben und nach unten zu auseinandergehen! Ich gebe Ihnen von meinem Kamillenshampoo. Waschen Sie Ihre Haare, damit sie ein bisschen nach Sonne aussehen, nennen Sie sich *Peperl* und fahren Sie so schnell wie tunlich zu Cenci in den Mathäser. Die einzige rationelle Art, sich vom *Weibe*

233

zu emanzipieren, ist die *Rückkehr zur Natur*! Wir werden heut' Abend in der Pension für Ihr Reisegeld sammeln. Hier ist Ihre Jacke ... Good-bye, old Jo-h-nny!« – –

1 Puck ist eine Gestalt aus Shakespeares »Sommernachtstraum«
2 berühmte Münchener Bierbrauerei und Bierhalle
3 Die Hydra ist eine Gestalt aus der griechischen Mythologie, der an der Stelle eines abgeschlagenen Kopfes zwei neue nachwuchsen.
4 Erwin Piscator (1893-1966), Theaterintendant und -regisseur, mit seiner Piscator-Bühne von 1927 bis 1933 am Nollendorfplatz in Berlin
5 Die Aleuten sind eine Inselkette Alaskas.
6 Schutzpolizei

Die Kinderbank

In einem deutschen Wald wandert ein deutscher Student.

Herbstmorgen ist es, der Energien sammelt und die Pulse kräftiger durch die Geäste des Lebensbaumes treibt, Herbstmorgen, der die Hummeln und Wespen aus ihren Löchern lockt und Verheißungen gibt, die seine späteren Brüder nicht mehr einlösen werden.

Wind greift herüber von den fruchtmüden Feldern der Ebene in den natürlichen Laubengang, den die Wipfel der Eschen, Eichen und Ahorne gewölbt haben. Er pflückt Eicheln und schüttelt Ebereschendolden und lässt die Blätter, die sich unter seinen Händen kräuseln, tanzen nach dem lustigen Rhythmus seiner Herrenlaune.

Der schattige Gang führt weit hinein in den Wald. Verästelt und verworren ist er, da ordnende Hand ihm fehlte seit den Tagen des großen Krieges. Wie ein Kreuzgang ist er, der zu der Kapelle führt, wo das Allerheiligste sich birgt, wie ein schlängelnder Nerv, der mündet in das Mysterium der Mitte, in des Waldes Seele.

Der Mensch aber, der ihn schreitet, ist nicht heiliger Muße hingegeben, sondern innerer Unruhe voll und so voll Hast. Er ist beschwert mit den Sklavenketten des Neides. Er schleppt an den Füßen die Zentnergewichte der Unzufriedenheit, er ist umsponnen von den Spinnweben der Verdrossenheit. Rechts und links schlägt sein knorriger Stock in das Geriesel des herbstbunten Laubwerks. Dabei knurrt er, seufzt, schreit, brüllt und gebärdet sich wie nur einer sich gebärden kann, der die Sprache all dieser Eichen und Eschen, dieser Haselstauden und Berberitzensträucher nicht versteht.

Zorn sitzt in seinen Augen, Tyrannenhässlichkeit in seiner Faust. Und das Knacken des knorrigen Knüppels, den die Menschenhand regiert, verbindet sich mit dem Brechen der Äste, den bösen Lauten der menschlichen Stimme und dem freien Lachen des Windes zu einem Quartett, das jeglicher Harmonie entbehrt.

Nun ist der geheimnisvolle Gang zu Ende geschritten.

Nun öffnet er sich auf einen runden Platz, in dessen Mitte eine ungeheure Baumwurzel wohl meterhoch aus der Erde ragt. Sie ist zermorscht und zerfressen. Ein Ameisenstaat ist aufgerichtet in ihr und lebt von ihren letzten Säften.

Vergessen ist der Baum, dem sie einmal gehörte.

Und doch war vielleicht unter ihm die Stätte, wo in grauer Zeit den Göttern dieses Waldes geopfert wurde! Vielleicht trank diese alte Wurzel Blut, viel Tier- und Menschenblut, damit die göttliche Kraft ihres Stammes sich entfalte, damit sie es verarbeite für die Pracht seiner Krone ...

Auf irgendeinem alten Herrensitz der Gegend hängt vielleicht noch ein vergilbter Stich, auf dem der Baum zu sehen ist im Schmuck seines dichten Blätterdaches.

Aber auch dies ist zweifelhaft. Der letzte Spross des Geschlechtes trug diesen Stock vielleicht längst zum

Trödler, denn die Anbeter einer neuen Zeit lehren ja, dass es dienlicher sei, den Wundern der Gegenwart zu leben, als den Mysterien der Vergangenheit nachzusinnen.

Unweit der rissigen Baumwurzel steht eine niedere, vermooste und schiefe Bank. Sie ist einmal von verständiger Hand für die Kinder gezimmert worden, die hier Blumenkränze gewunden und ihre Butterbrote mit selbst gepflückten Waldbeeren verzehrt haben.

Hart und böse klatscht der Stock des Studenten auf die Lehne dieser Bank. Moose stieben auf, Blätter rascheln davon, erschreckte Käfer laufen von dannen ...

Und müde und voller Missmut lässt der Fremdling des Waldes auf diese kleine Bank sich sinken. Er muss seine Beine sehr weit spreizen, um einigermaßen bequem sitzen zu können, denn sie sind es nicht gewohnt, auf Kinderbänken auszuruhen. Der böse Knotenstock steht zwischen ihnen und bohrt sich in die feuchte, schwarze Walderde. Über seinem verdickten Griff schließen sich nervige Hände ineinander. Und ein Stöhnen kriecht von der Bank aus in das Buschwerk um den kleinen Platz herum, das ist jämmerlich und voll Zorn zugleich.

Aber nun geschieht etwas Sonderbares.

Der Student hat sich den Platz, an dem er rastet, nicht genauer angesehen. Wie soll er wissen, dass es ein heiliger und zauberhafter Platz ist! Wie soll er sich daran erinnern, dass der gewaltige Waldriese, der hier stand, eine göttliche Seele besaß, die mit allem Geschehen um ihn herum verknüpft war, die sich mitteilte in starker, tönender Rede allen denen, die gläubig sich ihm nahten, durch viele Jahrhunderte hindurch!

Er weiß es nicht und will es gar nicht wissen. Denn gelehrt haben ihn Not und Sorge, gelehrt haben ihn die Jünger der neuen Zeit, dass die Gewissheiten der jetzigen Tage vorzuziehen sind den Wahrscheinlichkeiten der Vergangenheit.

Aber wie er nun so dasitzt, die Beine weit von sich gestreckt und den Kopf gestützt auf die ineinander geschobenen Hände, da ist es, wie wenn er gerade durch die Niedrigkeit des Sitzens gezwungen würde, zurückzutauchen in die Vergangenheit seines eigenen jungen Lebens, in die krausen und üppigen Wandelgänge einer vergessenen Kindheit ...

Und sieh ... und sieh ..., da kommt es auf gläsernen Füßen ... kommt durch den Wald gestapft, kommt gerollt über Wurzeln und Steine, schiebt unbeirrt und unverletzt sich weiter durch Strauchwerk und hohes, borstiges Farrenkraut. Kling kling, klirr klirr und klapper di klapp geht es, bis es vor ihm steht, rund, gläsern und leuchtend in seiner einladenden Sauberkeit.

»Du kennst mich«, sagt eine kristallene Stimme, »ich bin das glückhafte Tischlein, ... das Tischlein deck dich deiner Jugend ... Immer war ich da, wenn du mich brauchtest! Erinnere dich!«

»Ich erinnere mich«, erwidert der Student und presst die Finger fester ineinander, »stets warst du gedeckt in meinem Elternhause für mich und viele Gäste ... Aber was soll das? Was nutzt mir diese Erinnerung?«

»Es kann ja wieder so werden …«, antwortet die klingende Stimme, »du musst nur an mich glauben, dann werde ich wieder vor dir stehen, beladen mit allen Köstlichkeiten, die du nur zu wünschen vermagst und werde sprechen: ›Bedient Euch, Herr!‹«

Da lacht der Student höhnisch auf und sieht das Tischlein nicht mehr an. Aber wie er den Blick abwendet und die Augen spazieren schickt in die bunte Blätterwand um den Platz her, bemerkt er, wie es in den Zweigen rechts und links lebendig wird. Es ist, wie wenn große Spinnen eifrig Fäden ziehen, von Busch zu Busch, von Baum zu Baum. Man könnte meinen, es seien Altweiber-Sommerfäden, wenn man nicht sähe, dass sie mit Zweckmäßigkeit gespannt und befestigt würden. An der höchsten Spitze einer buschigen Esche, die den Platz im Hintergrunde abschließt, bildet sich eine Art luftiger Schaukel, dem Studenten wohlbekannt in ihrer Antennenform und Bedeutung. Gefällig weitet und dichtet sich das Strauchwerk, so dass es wie ein Schalltrichter aussieht. Und die kristallene Stimme des Tischleins sagt süß und einschmeichelnd: »Anschluss an die ganze Welt! Wir sind natürlich ganz modern eingedeckt … Wissenschaft oder Musik … Shimmy, Java,[1] Strauß, Hindemith oder gewöhnliche Volksweisen … man muss nur daran glauben!«

Und der Student wundert sich.

Aber während er noch mit sich selber zu Rate geht und sein Hirn anstrengt, um den Mechanismus dieser Seltsamkeiten zu durchschauen, kommt es wiederum aus der Dämmerung des inneren Waldes getappt, tipp tapp, tipp tapp, tapper di tapp … Grau kommt es, mit wackelnden Ohren und wedelndem Schweif, tappt bis ganz nahe an das Tischlein heran, verbeugt sich zierlich mit kratzendem Huf und sagt mit malmenden Kiefern: »Y – aa! Bin Ihnen doch bekannt! Bin doch durch Ihre Kindheit getappt, getreulich Schritt für Schritt … Erinnern Sie sich nicht?«

»Freilich erinnere ich mich«, antwortet der Student versonnen, »Sie sind das Goldeselchen, das durch meine Knabenträume ging, denn schon damals konnte ich die Erkenntnis sammeln, dass alle irdischen Güter und Freuden feil sind um Ihre Golddukaten …«

»Y-aaa!«, kratzt das Eselchen, »gehorsamer Diener! Sie müssen nur an mich glauben! Sie brauchen nur zu befehlen, dann niese ich. Aber ich niese nicht nur deutsche verschollene Goldstücke, sondern richte mich nach den Bedürfnissen der Zeit, je nach Wunsch holländische Gulden, englische Pfunde, große Zehndollarstücke, aber auch Papier, viel Papier, hochprozentiges ausländisches Papier, Stadtanleihen, Pfandbriefe, ganz wie es gewünscht wird …«

Da richtet der Student sich stramm empor auf seiner Kinderbank und wirft seinen Knotenstock auf die Erde.

»Gut«, sagt er, »ich glaube an Sie, Sir Asinus[2], bitte zu niesen!«

»Es ist da noch ein kleines Hindernis«, malmt der Esel höflich und das Tischlein klingelt sanft wie ein Echo ebenfalls: »Nur noch ein ganz kleines Hindernis!«

»Sie dürfen nämlich«, sagt der Esel, »nur eines von uns dreien wählen, mich …«

»… oder mich«, klirrt das Tischlein …

»… oder mich …!«, poltert es neben der Kinderbank.

Man möchte es nicht für möglich halten, was nun geschieht. Neben der Bank schlägt es auf die Erde, klipp klapp, tack tack, klipper di klapp …

Der knorrige Knüppel, den der junge Mann soeben fortgeworfen hat, hat sich emporgerichtet und haut um sich wie ein wilder Dreschflegel.

»Oder mich!«, poltert er noch einmal, »wählen Sie mich! Befehlen Sie! Nennen Sie Namen! Wer sich Ihnen missliebig gemacht hat … Vor mir sind alle gleich … Man muss nur an mich glauben …!«

Und er führt einen tollen Tanz auf vor der Kinderbank, klatscht auf die feuchte Erde, wirbelt sich herum und wirft sich gegen die morsche Baumwurzel, dass die Ameisen verwirrt nach allen Richtungen fliehen.

»Nur an mich glauben …«, ächzt er und knarrt er, »nur an mich glauben.«

»Y-aaa«, sagt das Eselchen bescheiden.

»Pingel pangel pongel«, klingelt das Tischlein.

Der Student springt auf.

»Nun sehe ich freilich«, sagt er entrüstet, »dass ich an eine dieser verhexten Waldstellen gekommen bin, wo man mit offenen Augen träumt.

An das Tischlein deck dich vermöchte ich immerhin noch zu glauben. Auch die Existenz des Goldesels ist unzweifelhaft, denn ich sehe seine Betätigung täglich in der großen Stadt, in der ich studiere ... Aber du, infamer Knüppel, du lügst ... du lügst!«

Und er greift nach dem knorrigen Knüppel, packt ihn fest und zerhaut ihn an den Ausläufern der großen Wurzel in jämmerliche Stücke.

Da flieht erschreckt das Eselchen, tipp tapp, tipp tapp, tapper di tapp ... Da klingelt kristallen und eilig das Tischlein davon ...

»Und doch ist es gerade der Glaube an mich, der nottut«, sagt die dunkle Stimme des Waldes hoch oben von der luftigen Antenne her, »der Knüppel war aus meinem Holz!«

Aber der deutsche Student geht böse und missmutig den dunklen Laubengang zurück in sein Leben der Hast und der Unruhe.

Er versteht die Sprache seines deutschen Waldes nicht mehr.

1 Shimmy und Java sind Gesellschaftstänze aus den 1920er-Jahren.
2 Asinus: lateinisch Esel

3 (zu Seite 243) aus Kupfer und Zink legiert

Die Träumin

Träume sind im Allgemeinen geschlechtslos. Von einem Traum aber weiß ich bestimmt, dass es eine Träumin war.

Ich träumte, ich hätte einen Wetterhahn geheiratet. Der schlug ununterbrochen mit den tombaknen[3] Flügeln und krähte. Das heißt, eigentlich war es mehr ein Knarren, ein höchst unangenehmes Geräusch, sodass alle Leute sich die Ohren zuhielten und zu mir sagten: »Um Gottes willen, das ist ja nicht zum Aushalten. Er muss geschmiert werden. Warum schmieren Sie ihn denn nicht?«

Ich schmierte ihn …

Ich schmierte ihn mit dem besten und kostbarsten Traumöl.

Solang er mir im Schoße lag, war er auch still. Sowie ich ihn aber losließ, ging das alte Spektakel wieder an, denn das leiseste Lüftchen drehte und wendete ihn, wie es wollte, und er drehte und wendete sich mit tombakner Freude und Inbrunst und behauptete, das gehöre zu seinem Handwerk als Wetterhahn …

Aber dann schrien wieder die Leute aus dem Lande der Träume: »Sie sind schuld. Sie müssen ihn schmieren.«

Ich schmierte ihn.

Ich troff vor Traumöl …

Meine Hände wurden lahm und erstarrten. Ich war so verzweifelt, dass ich erwachte.

Diese Träumin gehört natürlich zu den Angstträumen. Sie ist der peinlichste Traum meines Lebens gewesen.

Anhang

Editorische Notiz

Die maschinengeschriebenen Erzählungen aus der Kindheit sind allesamt mit lateinischen Ziffern durchnummeriert und in der von Beutler angegebenen Reihenfolge abgedruckt.

»Mamsell-machine und die Rosen von Schiras«, »Johnny, altes Mondkalb!« und »Künstliche Liebe« sind in den Manuskripten im Nachlass zu einer dreiteiligen Erzählung zusammengefasst und mit den römischen Ziffern I, II und III bezeichnet.

Das Typoskript der »Enten-Majorin« ist mit »Margarete Beutler-Freksa« unterschrieben und trägt die handschriftliche Ortsangabe »Keilhof, Simmsee«.

»Die Träumin« ist versehen mit der Ortsangabe »z. Zt. Berlin W, Bayreutherstr. 44«.

Das Typoskript von »Die Ehescheidungsschule« ist mit dem maschinengeschriebenen Absender »Frau Margarete Beutler-Freksa« und dem Ortsvermerk »Baierberg, Post Sollhuben, Simmsee/Rosenheim« versehen. »Ludmilla, die Unverwüstliche und ihr Paradies für Neuromantiker« ist mit »Margarete Beutler« unterschrieben und trägt den maschinengeschriebenen Vermerk »Ab. Beutler, Berlin W, 62, Bayreutherstr. 44«. Die im Nachlass befindliche Erzählung wurde am 10.3.1930 im *Simplicissimus* veröffentlicht (s. S. 214).

»Das Jägerhaus an der Brücke« wurde handschriftlich datiert mit »7.4.32«. Die anderen Typoskripte tragen keine zusätzlichen Anmerkungen zum Entstehungszeitpunkt.

»Das Jägerhaus an der Brücke« sowie »Tonetta«, »Es brennt« und »Eine schöne Bescherung« sind mit handschriftlichen Kommentaren versehen. Als Vorlage für diese Ausgabe dienten jeweils die maschinengeschriebenen Fassungen.

Fehlende Buchstaben oder Buchstabendreher wurden korrigiert. Da Beutlers Schreibmaschine kein ß hatte, wurde ss nach der heute gültigen Rechtschreibung an einigen Stellen durch ß ersetzt. Besondere Schreibweisen wie z.B. Knix statt Knicks oder Schubbs statt Schubs wurden der besseren Lesbarkeit halber ebenfalls korrigiert.

Die im Manuskript gesperrt gedruckten Worte wurden im Buch durch Kursivschreibung hervorgehoben.

Danksagung

Gut dreieinhalb Jahre hat es gedauert: von einem ersten staunenden Blick auf zwei große verstaubte Kisten voll mit vergilbten Schreibmaschinenseiten bis zur erstmaligen Veröffentlichung eines Teils des Nachlasses von Margarete Beutler. Ohne die Hilfe und Unterstützung vieler Menschen wäre das vorliegende Buch kaum möglich gewesen.

Mein Dank gilt in besonderem Maße der Enkelgeneration Margarete Beutlers, Martin, Christian, Almuth und Ulrike, deren anhaltendes Interesse an dem Werk ihrer Großmutter mich immer wieder angespornt hat. Er gilt auch der Urenkelin Jenny Friedrich-Freksa, die den »Stein« unwissentlich »ins Rollen« brachte.

Einen herzlichen Dank richten möchte ich an Sylke Heister (Rathaus Gammertingen), Jutta Schöffel (Staatsbibliothek zu Berlin), Udo Rauch (Stadtarchiv Tübingen), Claudia Veit (Stadtarchiv Passau), Pia Frendeborg (Stadtarchiv München), Ulrich Schmilewski (Stiftung Kulturwerk Schlesien), Monika Jedruszczak (für die Kontaktaufnahme zur Uni Wroclaw), Wolfgang Schütz (Stadthistoriker von Weil der Stadt) und Anatol Regnier (Enkel und Biograph Frank Wedekinds), die mir bei den biographischen Recherchen auf die eine oder andere Art geholfen haben, in besonderem Maße aber Matthias Thiel vom Deutschen Kabarettarchiv in Mainz für die Kopien mir unbekannter Dokumente.

Den Professoren Kurt Dittmar (Uni Hamburg), Hans-Harald Müller (Uni Hamburg), Lutz Hagestedt (Uni Rostock), Wilfried Ihrig (TU Berlin), den Professorinnen Gisela Brinker-Gabler (Uni Binghamton) und Ulinka Rublak (Uni Cambridge) und danke ich für ihre konstruktiven Anregungen.

Außerdem danke ich sehr herzlich meinen Kommilitonen Achim Raven und Rolf Kauffeldt, meinem Schwager Helmut Happe und meiner Nichte Rosalin Happe sowie Kristof Magnusson und Roger Stein für ihren Beistand in schwierigen Situationen.

Der Verlegerin Britta Jürgs möchte ich aus- und nachdrücklich meinen Dank bekunden für die kritische Begleitung während der gesamten Zeit, in der das Buch Gestalt annahm, sowie für den wunderbaren Titel.

Der innigste Dank aber gebührt Dorle, meiner Frau.

Die Herausgeber

Winfried Siebert

Winfried Siebert studierte Germanistik, Romanistik und Philosophie in Düsseldorf und war als Studienrat in Düsseldorf und Hamburg tätig. Seit 2017 widmet er sich dem umfangreichen unveröffentlichten Nachlass von Margarete Beutler. Er lebt in Hamburg.

Martin Freksa

Martin Freksa schloss ein sozialwissenschaftliches Studium in Tübingen, München und Berlin mit der Promotion ab und war als Soziologe, Historiker und Publizist tätig. 1985 entdeckte er den Nachlass seiner Großmutter Margarete Beutler. Er lebt in Tübingen.

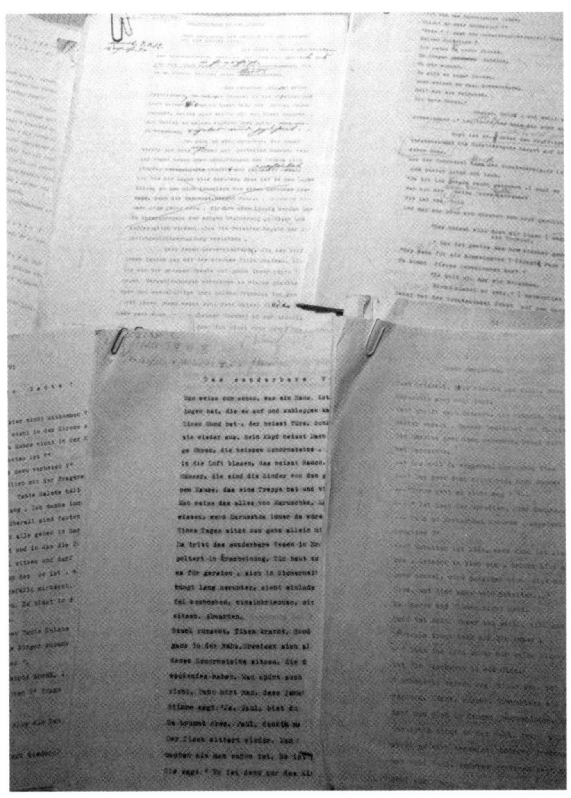

Manuskriptseiten aus dem Nachlass
Foto: Winfried Siebert

Bildnachweise

Umschlagabbildung unter Verwendung eines Beutler-Porträts aus »Bühne und Brettl« Nr. 10 vom 25. Oktober 1903. Wir danken Matthias Thiel vom Deutschen Kabarettarchiv Mainz, der die Abbildung zur Verfügung stellte.

Abbildung Vorsatz/Nachsatz: istock.com/asmakar

Abbildung S. 14 aus: Albert Soergel, Dichtung und Dichter der Zeit, Leipzig 1911, S. 301

Die Abbildungen auf den Seiten 17 bis 24 stammen aus dem Nachlass Margarete Beutlers, der von Martin Freksas verwaltet wird.

Die Signatur auf dieser Seite stammt aus einem Brief Beutlers vom 23. Januar 1926 an August Grisebach (Privatarchiv Winfried Siebert).

Mehr wiederentdeckte Autorinnen
im AvivA Verlag

»(H)aarscharf beobachtet und ungemein komisch«

(Susanne Klingenstein, FAZ)

»Das launische Gehirn«
Hg. v. Christiana Puschak und Jürgen Krämer
ISBN 978-3-932338-73-1

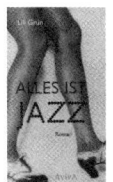

»Das Berlin, von dem Lili Grün ... erzählt, ist eine Stadt im Aufbruch, bevölkert von lebenshungrigen jungen Künstlern und Plänemachern.«

(Christian Schröder, Der Tagesspiegel)

»Alles ist Jazz«
Hg. v. Anke Heimberg
ISBN 978-3-932338-36-6

»Eine Hommage an die Frauen und das Paris der Künstler, der Mode und des Theaters«

(Dagmar Härter, ekz)

»Das weiße Abendkleid«
Hg. v. Anke Heimberg
ISBN 978-3-932338-74-8

»Wahre Preziosen sind die kleinen Texte Leitners, in denen sie ›das tägliche Gesicht der Zeit‹ ... einfängt.«

(Werner Jung, konkret)

»Mädchen mit drei Namen«
Hg. v. Helga und Wilfried Schwarz
ISBN 978-3-932338-60-1

Leseproben und weitere Informationen über unser Programm finden Sie unter www.aviva-verlag.de.

Lektorat Vorwort: Julia Baudis
Korrektorat: Vera Brand, Kena Stüwe
Layout und Covergestaltung: Britta Jürgs, unter Verwendung eines Porträts von Margarete Beutler aus »Bühne und Brettl« Nr. 10 vom 25.10.1903
Druck und Bindung: finidr s.r.o.

Erste Auflage 2021
© AvivA Verlag
AvivA Britta Jürgs GmbH
Emdener Str. 33, 10551 Berlin
info@aviva-verlag.de
www.aviva-verlag.de

ISBN: 978-3-932338-95-3